本书获

2020 年贵州省出版传媒专项资金资助

2020 年贵州大学社科学术出版基金资助

日本学者中国西南少数民族研究丛书（第三辑）

辉夜姬的诞生

——古代传说之起源

［日］伊藤清司 ◎ 著

陈 芳 文 莹◎译

贵州大学出版社

Guizhou University Press

图书在版编目（ＣＩＰ）数据

辉夜姬的诞生:古代传说之起源 / (日) 伊藤清司著;陈芳,文莹译. -- 贵阳:贵州大学出版社, 2021.10

(日本学者中国西南少数民族研究丛书.第三辑)

ISBN 978-7-81126-574-3

Ⅰ.①辉… Ⅱ.①伊… ②陈… ③文… Ⅲ.①神话－对比研究－中国、日本 Ⅳ.①B932

中国版本图书馆CIP数据核字(2021)第209369号

辉夜姬的诞生——古代传说之起源

HUIYEJI DE DANSHENG
GUDAI CHUANSHUO QIYUAN

原 著 者：[日] 伊藤清司
译　　者：陈 芳 文 莹

出 版 人：闵　军
责任编辑：梁继丹　段丽丽
校　　对：吴亚微
插　　图：李　娉
装帧设计：吴梦琴　陈欢欢　陈　丽

出版发行：贵州大学出版社有限责任公司
地　　址：贵阳市花溪区贵州大学北校区出版大楼
　　　　　邮编：550025　电话：0851-88291180
印　　刷：贵阳精彩数字印刷有限公司
开　　本：710毫米×1000毫米　1/16
印　　张：10.75
字　　数：200千字
版　　次：2021年10月第1版
印　　次：2021年10月第1次印刷

书　　号：ISBN 978-7-81126-574-3
定　　价：55.00元

译者序

本书作者伊藤清司是日本著名的中国文化研究者，1924 年 5 月出生于日本岩手县，1947 年毕业于日本庆应义塾大学文学部历史系，1962 年任该大学文学部专职教师，1970 年被评为教授，1988 年任日本杏林大学名誉教授及中国云南大学名誉教授。1991 年出版《东亚民间故事比较研究》并获得庆应义塾大学文学博士学位。2007 年 6 月，于日本东京都港区病逝，享年 83 岁。伊藤清司教授的研究涉及中国古代史、民俗学等领域。他积极在中国大陆地区探寻"画中妻""开花爷""辉夜姬"等日本传说故事的起源，本书《辉夜姬的诞生——古代传说之起源》便是其开山之作。

本书共分为四章。第一章：《竹取物语》之素材论，介绍了江户时代以来日本学者关于《竹取物语》素材的激烈争论，其焦点在于《竹取物语》的素材究竟来源于日本国内还是日本以外地区。对此，伊藤清司教授支持后者，并对日本民俗学者在该领域的研究提出了自己的看法。第二章：《竹取物语》的形成，重点考察了《竹取物语》中的难题求婚情节。通过分析该物语故事的形成过程及其佚名作者和创作时间等要素，伊藤教授支持"《竹取物语》成书之前存在汉文版故事原型"的看法。第三章：东亚地区的竹中诞生传说，介绍了东南亚地区的竹中诞生传说、东亚地区关于"竹"的传说、中国大陆地区的难题传说和"无某无猴"传说、东亚地区的羽衣传说等，通过对这些传说的细节进行一一对比，伊藤教授指出日本的《竹取物语》应该是在羽衣传说的基础之上添加了"无某无猴"等难题型传说故事复合而成。

第四章：《竹取物语》改编说，伊藤清司教授对日本的《竹取物语》和中国四川的"斑竹姑娘"故事进行了竹中诞生情节、难题求婚情节的逐一对比，通过比较发现两个故事关于女主人公从竹中诞生的描写极其相似，并且发现两个故事的难题求婚描写中出场人物的设定、难题宝物的设定、寻找难题宝物的过程等细节都惊人地相似，由此得出"辉夜姬"诞生于中国的结论。

伊藤清司教授在本书中发挥日本学者娴熟驾驭庞大资料开展比较研究的特点，搜集整理和比较了东亚地区的相关传说和故事，梳理了从江户时代至20世纪70年代日本学者研究《竹取物语》的主要观点和成果。本书不仅向读者全面介绍了日本最早、最具代表性的《竹取物语》相关研究成果，而且向读者呈现了东亚地区丰富、优美的竹中诞生传说，清晰地梳理了日本《竹取物语》中美丽而纯洁的女主人公——辉夜姬与中国大陆的文化渊源。因此，本书的翻译不仅可以助力我国学者了解日本学界在传说故事比较研究方面的方法和成果，而且，对于普通读者而言，也能通过本书一窥东亚地区竹中诞生传说、天鹅处女型传说、难题型传说等众多传说故事的全貌。

　　本书能够翻译出版，首先要感谢伊藤清司教授之女伊藤史湖女士。对于我们的翻译计划，伊藤史湖女士给予了温暖的回应和大力的支持。其次，本书的翻译过程中得到了贵州大学外国语学院日语系王晓梅教授的诸多指导和建议，在此深表感谢。此外，本书相关资料的查找工作得到了贵州大学日语笔译和日语语言文学专业研究生们的协助，在此向毕洋洋、杨倩、刘媛、王悦凯、黄妍、毛倩玉、王晓涵、杨顺佳、李娉等同学表示感谢。最后，本书得以顺利付梓，还得益于贵州大学美术学院张超教授及吴梦琴、陈欢欢同学对封面的精心设计和贵州大学出版社的辛勤付出，谨此致谢。由于译者水平有限，本书难免存在疏漏，敬请各位专家和读者批评指正。

译者

2021 年 6 月 1 日

前　言

　　一个人的出生按道理来说只有一种情形，然而《竹取物语》的女主人公——辉夜姬的出生却有两个问题值得探讨。其一，是这位美丽女子的诞生过程。很久以前，伐竹翁［竹取翁——译者注］在竹林中发现一棵根部发光的竹子，故事由此展开。该故事在日本家喻户晓，甚至连三岁孩童都知道辉夜姬诞生于竹中。关于这位纯洁女孩的诞生，还有故事描述为伐竹翁在竹林中捡到了黄莺卵，而辉夜姬就诞生于其中。面对两个如此截然不同的版本，有必要一探究竟。

　　其二，如果解决了辉夜姬的诞生问题，那么随之而来的便是她究竟是哪国人的问题。用现代的口吻说，就是辉夜姬的国籍问题。如此一来，伐竹翁的故乡在古都奈良附近的散吉乡（塚原铁雄：《竹取物语记》）这一说法便需要进一步考证。由此得出辉夜姬是古代大和国人之类的说法在没有考证的情况下就略显不妥。此外，一直被众人视为凡间女子的辉夜姬在离去之前悲伤地告诉天皇自己并非凡人，故乡乃是天界。由此可见，辉夜姬乃上天之女。然而，我想探讨的辉夜姬究竟是哪国人的问题却与这些看法有所不同。

　　作为平安时代文学界翘楚的紫式部在《源氏物语》中指出《竹取物语》是日本“物语之祖”。她作为当时的一流女作家，肯定《竹取物语》乃平安时代新兴文艺形态——物语文学的最初杰作。由于《竹取物语》被视为日本最早的物语文学，所以自江户时代以来，研究其作者姓名、作品完成时间、创作过程、作品素材等专题的学者层出不穷。学者们争论的焦点多集中在素材研究方面。也许在日本文学史上，如《竹取物语》的素材这般引起争论的文学作品并不多见。有学者认为《竹取物语》并非全然虚构，而是基于一定的史实，通过补充其部分内容，加工润色而成。此类看法延续至今。关于素材研究，学界认为最值得关注的是作品中叙述辉夜姬诞生的部分以及"《竹取物语》这部文学作品的形成条件"（三品彰英，《关于辉夜姬的本质》）。因此，解开故事女主人公的诞生之谜是最终揭开日本最早物语文学形成之谜的关键。这个关键问题与前文提到的大约三寸长的女孩究竟是从竹中诞生还是从黄莺卵中诞生的问题密切相关。因此，破解辉夜姬诞生的秘密也就意味着获得了破解该文学作品形成之谜的钥匙，进而辉夜姬的国籍问题也就顺势而解。

　　让五位贵公子神魂颠倒的这位美丽女子所属的国度也许在令人意想不到的地方。《竹取物语》的佚名作者已经离世一千多年，这部文学作品本身也许就隐藏了女主人公诞生的秘密。纯洁美丽的辉夜姬也许诞生在一个让人意想不到的国度，孕育了该物语的风土也许并非日本，而是在远隔日本千山万水的神秘国度。

目　　录

第一章　《竹取物语》之素材论

第一节 《竹取物语》的诞生

一、名称的变迁

我们称之为《竹取物语》的这部文学作品，在紫式部生活的时代，好像是根据作品主人公的名字被命名为"辉夜姬物语"或"伐竹翁物语"。镰仓、室町时代后被称为"竹取"或"竹取辉夜姬"。到室町时代末期，"伐竹翁物语"的称呼逐渐成为主流。然而，让人意外的是，相比"伐竹翁物语"，"竹取物语"的通称或"竹取"的略称却流传更广并延续至今。

从本节的小标题可以引出大小两个问题。大问题是：11 世纪前后，有辉夜姬系和伐竹翁系两个书名，究竟哪个才是庐山真面目？虽然答案还无从知晓，但是，从古至今都是伐竹翁系占优势，这也是该作品最终被称为《竹取物语》的原因。在《今昔物语集》的第三十一卷中，也记载了比较古老的同类型传说，标题是"伐竹翁发现并养育女孩"，可见也是以老翁作为主体。然而，众所周知，在《竹取物语》中老翁只是一名配角，辉夜姬才是主人公。《今昔物语集》中的同类型故事也着力描述贵公子们向辉夜姬求婚的过程，更加证明了故事的主人公是辉夜姬。也就是说，即使没有伐竹翁出场，贵公子们的难题求婚情节依然成立，但是如果没有辉夜姬，如此长篇幅的难题求婚情节便不能成立。由此可见，该故事的名称和实际内容存在不统一的奇怪现象。我们不能忽视《竹取物语》的书名与其素材有关这一问题。此外，《万叶集》第十六卷中，有一则描述名叫伐竹翁的男子与仙女相遇的和歌物语，这则和歌物语与《竹取物语》有何关联的难题又呈现在我们面前。毋庸置疑，这是一个大问题，需要认真讨论，在此先从小问题着手。

我认为《竹取物语》名称的变迁能给我们带来一些启示。从作品名称的变迁可以推想，在漫长的岁月中，《竹取物语》的故事情节应该发生了部分改变。准确地说，《竹取物语》不可能是一位作者在一段时间内一次性完成的作品。在此，我需要申明的是，文献校订并非我的专业，但在探讨问题时我也许会涉及一二。我认为后世对《竹取物语》的故事有一定程度的篡改和加工，但故事梗概没有太大改动。例如，在继《竹取物语》后问世的文学作品《宇津保物语》中，十五月圆之夜朱雀院和内侍的问答中就出现了"辉夜姬"和"子安贝"等词，在"初秋"一卷中，引用了"蓬莱山""长生不死药"等词，另外，在《大和物语》第七十七段中，源喜种在八月十五日晚上，偷偷去宫中拜访身为皇女的情人桂，但是皇女却撇下他，去赴亭子院的月夜晚宴，源喜种对此怀恨在心，于是模仿《竹取物语》中伐竹翁的语调宣泄心中的不满。此外，在《源氏物语》名为"绘合"的第十七帖中也提到伐竹翁初见辉夜姬的情景以及五位贵公子向辉夜姬求婚的情节。在《荣华物语》《狭衣物语》等平安时代的主流物语文学作品中，也或多或少地涉及《竹取物语》，相关作品对《竹取物语》的引用或提及就像填字游戏中的关键词一样，对我们探寻《竹取物语》的秘密具有重要意义。如果复原此类伐竹翁故事或辉夜姬物语，也许会呈现出如今广为人知的《竹取物语》的概要。这些概要在情节上或许有差异，但是应该与《竹取物语》的大致内容没有太大出入。

二、故事结构

《竹取物语》的故事结构和梗概如下。

（一）辉夜姬的诞生

伐竹翁在一节竹子里发现一女孩，将之收为养女。其后，老翁每次都能从竹中发现黄金，不久便富甲一方。女孩三个月左右便长大成人，不久就要举办成人礼，女孩被唤作嫩竹辉夜姬。（竹中诞生传说、致富传说）

（二）求妻

众多男子爱慕美丽的辉夜姬。其中有五位贵公子向辉夜姬求婚，她向五人分别提出一个难题。

1. 让石作皇子寻来佛前石钵；

2. 让车持皇子取来蓬莱仙枝；

3. 让右大臣阿倍找来火鼠裘；

4. 让大纳言大伴带回龙首珠；

5. 让中纳言石上带来燕巢中的子安贝。

五位贵公子煞费苦心地想把这些宝物弄到手，却都以失败告终。（难题求婚故事）

（三）出猎游幸

天皇也向辉夜姬求婚，但也被拒绝。

（四）辉夜姬升天

来自月亮的使者在八月十五月圆之夜前来迎接辉夜姬，使者说这是前世的约定，辉夜姬痛哭不已，伐竹翁十分担心，瞬间苍老许多。天皇听说了此事，便把辉夜姬关到仓库里，并派两千名士兵把守。但是无济于事，辉夜姬还是被使者接走了。临走时，辉夜姬吟诵"羽衣着得升天去，回忆君王事可哀"的和歌，并留下长生不死之药，然后身披羽衣、乘坐彩车返回月宫。（羽衣传说）

（五）无尽的青烟

天皇难以忘怀辉夜姬，登上离天最近的山顶，烧掉了辉夜姬留下的长生不死之药。从此之后，这座山便被命名为富士山［日语中"不死"和"富士"发音相似——译者注］，传说直到现在富士山顶依然青烟缭绕。（地名起源传说）

三、改写问题

上文提到过《竹取物语》存在着一定程度的改写，在此暂且不展开讨论。目前，关于《竹取物语》有一种说法，即现行的平假名版本乃是之前汉文版本或变体汉文版本改编而成。如果这一说法成立，那么可以说《竹取物语》有两个形成阶段。如此一来，其改编问题就不能与添加部分内容等问题同日而语，因为这是引发更改书名的重要问题。

在平假名版本的《竹取物语》之前，存在汉文版竹中诞生传说这一假说，自《竹取物语》研究的初始阶段就一直存在。江户末期，加纳诸平在《竹取物语考》中指出该物语应该存在汉文版本，土肥经平也表达过类似意见。如此一来，汉文或变体汉文版原竹中诞生传说何时被改编成现在的《竹取物语》又存在诸多分歧。原竹中诞生传说存在说时至今日也是有力的假说，后文会分析该假说几乎不可动摇的依据。

汉文版原竹中诞生传说与《竹取物语》素材来自中国佛教典籍之中国起源说，是两个完全不同的看法。必须从一开始就要把二者区分开来。在《竹取物语》中，汉语词汇并不少，而且，诸如否定现世、宿命的辞藻和"蓬莱""不死药""宾度罗""优昙花"等词语，都有浓厚的中国神话传说或佛教思想色彩。因此，从很早以前就有看法认为《竹取物语》是"将外国的故事加工为如在日本发生的故事一般"（贺茂真渊）。《竹取物语》素材来自其他国家的说法，自江户时代以来就广为流传。此类研究动向，即竹中诞生传说研究的客体和主体，无论是从国风文化〔平安中期到平安后期发展起来的日本式贵族文化。随着唐朝停止派遣使者到日本交流，唐风文化色彩逐渐淡薄，假名文学、大和绘、净土教艺术等发展起来。——译者注〕发展以前日本汲取亚洲大陆文化的历史来看，还是从江户时期学问研究的倾向来看，都不无道理。汉文版原竹中诞生传说存在说和素材外国起源说是两个不同看法，自它们产生之日起，这两种看法就鲜明地、各自独立地存在。关于这一点，单凭对素材外国起源说的探讨情况来看就能一目了然。

第二节 外国起源说

一、来自佛典的素材

最开始认为《竹取物语》取材于外国典籍的是日本僧人契冲。他在随笔《河社》中写道:"《广大宝楼阁善住秘密陀罗尼经》的序章正是《竹取物语》的蓝本。"随后,江户后期的小山仪、入江昌熹在《竹取物语抄》中提到了《奈女耆婆经》,田中大秀在《伐竹翁物语解》中提到了《奈女祇域因缘经》等,他们指出,《竹取物语》的作者正是根据这些海外书籍完成了故事的构想。

契冲提到的《竹取物语》所参考的《广大宝楼阁经》中的素材如下:

> 很久以前,在南赡部洲山中有三位仙人,修得佛法之后,便在当地舍身了。他们的躯体宛如生酥融入大地,最终从那里长出三根不可思议的竹子。那三根竹子,根由七宝构成,枝干和叶子则由黄金构成,枝干尖端挂满美丽的珍珠果实,散发着难以言表的芬芳,闪烁着耀眼的光芒。十个月之后,竹子自然裂开,从中诞生出三名童子。后来,三名童子在竹子旁边打坐,到第七天开悟,身体散发出金黄色光芒。之后那三根竹子变化成三座高大雄伟的楼阁。

契冲所提到的素材,在后世遭到很多人诟病,除了从发光的竹子里出现童子这一点之外，该素材内容和《竹取物语》有诸多不同。后来契冲也似乎觉得不妥，于是备注："《广大宝楼阁经》中从竹中诞生的是童子，而《竹取物语》中从竹中诞生的是女童，二者有所不同。"小山和入江这一对堂兄弟和田中大秀所提倡的素材论，在今天（1973年前后）看来难免小题大做。接下来，探讨《柰女祇域因缘经》，其梗概如下：

> 佛在世时，在维耶梨国有一位叫作梵志的人。他在皇家果园的柰李树下发现一根能再生的小苗，于是带回家细心培育。后来小苗长成小树并长出拳头大小的树瘤，从那里伸出巨大枝条，长出繁茂树叶，宛如一个绿色的瞭望台。梵志觉得奇怪，爬上去一看，在那丛绿荫中间有一个水池，水池中有一位美丽的女孩。梵志把她抱回家后，起名为柰女。女孩长大后貌美无双，有七位国王争相向女孩求婚。身为养父的梵志一筹莫展，于是建造了高楼，让柰女独居其中。七位国王竞相前去求婚。其中有一位瓶沙王，他从隐藏的臭水沟爬上高楼，从而得与柰女订婚，败下阵来的六位国王无功而返。

《柰女耆婆经》的内容与《柰女祇域因缘经》高度相似，故事梗概是柰李树下出生的女孩，遇到七位王子争相前来求婚，最后她与其中一位王子结婚。虽然这些佛典中的女孩并非都从竹中诞生，但是在奇特的出生背景和贵公子前来求婚这两点上是共通的，与契冲提到的故事相比，《柰女祇域因缘经》和《柰女耆婆经》的故事内容更接近《竹取物语》。然而，令人遗憾的是《广大宝楼阁经》却比《柰女祇域因缘经》和《柰女耆婆经》获得更多学者的支持。

二、幸田露伴的《月上女经》素材论

近代之后，幸田露伴指出，有一部佛经是《竹取物语》的蓝本。和近世的学者们推崇的佛典有所不同，幸田露伴认为这部佛经与《竹取物语》不只有一两处相似（《关于一个日本古代物语》[①]）。幸田露伴所说的这部佛经名为《佛说月上女经》，从名字来看很容易让人联想到来自月宫的辉夜姬。果然，其内容和上述三者相比有更多相似点。

> 过去，在毗耶离国，有一位叫作毗摩罗诘的富翁，和妻子无垢养育了一个女儿。女孩在出生的时候，家里充满了美丽的圣光，发生了鲜花自天而降等神迹。女孩很快长到八岁左右，因为身上光芒四射，被取名为月上女。毗耶离城的王族、大臣和婆罗门、富家子弟们都想娶月上女为妻，为此竞相向月上女的父亲赠送礼物或者以权势相逼。月上女为了安慰左右为难的父亲，愿意在七天后走出家门亲自挑选夫君，并让人通知想迎娶她的王公贵族们齐聚于约定好的地点。迷恋月上女的王公贵族们沐浴更衣等待良辰吉日的到来。但是，在约定时间的前一夜，即十五日夜晚，一直信奉神佛的月上女的右手掌心长出一朵莲花。从那朵熠熠生辉的圣洁莲花中，出现了如来，如来解答了月上女的诸多疑问。终于到了第七天，争相要成为月上女夫君的王公贵族们来到约定地点，他们都对月上女穷追不舍。

---

① 幸田露伴：《日本の古き物語の一に就きて》，载《露伴全集》15 卷，岩波书店，1952，第 332-340 页。

刹那间，月上女纵身一跃，漂浮在虚空之中，开始讲述经文，颂扬佛德，阐明教义，谆谆教诲目瞪口呆的人们。随后，大地开始剧烈震动，无数天人于虚空之中现身，放声赞颂并随之起舞，晶莹的露水从天而降。八万四千人从贪嗔痴三恶之中被解放出来。他们整齐地跟随在月上女身后，皈依佛教以聆听释迦如来讲经说法。

幸田露伴认为，《佛说月上女经》和《竹取物语》之间不止有两三处相似。例如两个女孩都是在短时间内长大，因为光芒四射而被命名为月上女和辉夜姬。此外，两个故事中都有无数男子想娶美女为妻，为此而烦恼的父亲（毘摩罗诘）和养父（伐竹翁）的反应也相同，并都以十五日月圆之夜为事情的转机。月宫使者到来之后辉夜姬升天的场景与月上女同无数天人一起漂浮于虚空之中的描写也高度相似。同时，这两部作品都有否定现世的思想。幸田露伴认为，辉夜姬的养父，原来不过是个贫穷的老翁，在收养辉夜姬之后变成了富人，这一点也与月上女的父亲是一位富翁相对应。还有很多其他例子，虽然略显牵强，但的确有很多相似之处。然而，学术界的反应却与幸田露伴的自信和热情相反，从他的观点提出之日起直至今天，反响都极小。晚年的幸田露伴曾表达心声："《竹取物语》一定是以《佛说月上女经》为素材创作的，因为它们大部分内容相同。在我年轻时，虽然提出了该观点，但是，芳贺矢一、上田万年、佐佐木信纲都置之不理，毫无反应……烦请诸位看看我写的东西，因为《竹取物语》和《佛说月上女经》真的如出一辙。"①

---

① 小林荣子：《露伴清谈》，鬼怒书房，1959，第55-56页。

幸田露伴的《佛说月上女经》素材论之所以受到冷遇，或许是因为月上女的出生被神秘化，而不像其他素材中的女主人公出生于竹中或其他植物中的缘故吧。最近，被称为竹取素材的东西层出不穷，然而，学界更加关注其与《竹取物语》的不同之处。可能是因为现在学界更加慎重，不为新学说所轻易动摇的缘故吧。

下面要讨论的话题也适用于其他素材论。《竹取物语》在诞生之初，佚名作者从一两个饶有趣味的片段中获得灵感，随之完成被称为物语文学之鼻祖的高度创作，这样的创作过程和文才难免让人产生怀疑。如果能从该作品的序文或跋文中找到作者在许多书中获得的灵感，或这部作品来源于某个故事之类的相关证明的话，则另当别论。否则我们不可能指望古人都能像芥川龙之介那样才华横溢，能从中国提取素材进行文学创作。

三、《后汉书》和《汉武内传》

如前所述，《竹取物语》这部文学作品的形成和女主人公的诞生有着密切关系。由于中国大陆地区有不少文献记载竹中诞生传说，所以这些文献自然被人们当作《竹取物语》的素材。田中大秀认为，除了上文提到的佛教经典，《后汉书》《华阳国志》《幽怪录》等书也是《竹取物语》的素材。西村真次认为在这些文献中，《后汉书》给予《竹取物语》的影响最大，尤其是《后汉书》中西南夷传的夜郎国。书中的夜郎国，位置在中国贵州省的西北地区，是一个存在于两千多年前的国家。书中写道：

> 有竹王者，兴于遯水。有一女子浣于水滨，有三节大竹流
> 入女子足间，推之不肯去。闻有儿声，取持归破之，得一男儿。
> 长养，有才武，逐雄夷濮。氏以竹为姓。

西村真次高度评价该传说，认为它与说教味十足的《广大宝楼阁经》相比，更接近《竹取物语》。或者说该传说是前述佛典和《竹取物语》的媒介，是他们中间的一环。此外，西村真次还强调在奈良时代，《后汉书》与《史记》一起被众多文人广泛传阅，在《日本书纪》等书中都有直接引用《后汉书》的痕迹，所以毫无疑问，《后汉书》也被当作日本诗歌文学的素材[①]。

藤冈作太郎断定《竹取物语》是魏晋时期作品《汉武内传》的改编。《汉武内传》的大意为：

> 汉武帝沉迷于仙术，还为此建造了柏梁台，在此求仙问道。有一天，西王母从天而降，紧随其后的是上元夫人。西王母和上元夫人分别授予汉武帝五真图灵光经和六甲灵飞十二事之后返回天宫。汉武帝毕恭毕敬地行跪拜礼之后将圣书珍藏。但是汉武帝没能谨遵两位神仙的教诲，最后导致天赐圣书被大火焚毁。

藤冈作太郎把《汉武内传》和《竹取物语》做对比后指出，《汉武内传》中汉武帝追求仙术，仙女下凡指点迷津。与之相对应的是

---

① 西村真次：《万葉集の文化史的研究（増订4版）》，東京堂，1942，第373-378页。

《竹取物语》中辉夜姬获罪来到人间被老翁抚养。另外，《汉武内传》中描写天赐圣书毁于大火，与之相对应的是《竹取物语》中辉夜姬留下的不死仙药，被故意扔到富士山上，于大火中烧毁。诸如此类，《汉武内传》和《竹取物语》有诸多不可忽视的相似之处。藤冈作太郎评价为"脱胎换骨，极为精巧，有若即若离之妙趣，竹取作者十分善于改编"①。

虽说如此，上述评价难免让人怀疑藤冈作太郎是想借用《竹取物语》的佚名作者深不可测的改编手法掩盖自己客观说服力的不足。

四、《万叶集》中不伐竹的伐竹翁

经常困扰《竹取物语》研究者的是《万叶集》第十六卷的和歌物语，这是《竹取物语》出现之前的作品。虽然主人公也是伐竹翁和美丽仙女，但是因为内容上与《竹取物语》没有太多的一致性，所以很难对其进行定位。《万叶集》第十六卷的和歌物语主要内容如下：

> 从前，有一名叫伐竹翁的老人，在春末，登高远眺，偶遇正在煮粥的九位美丽少女。少女们把老人叫到跟前，笑着央求老人帮忙生火。老人应声坐到了她们旁边。不一会儿，少女们一边嬉笑打闹一边相互责怪说："到底是谁把这位老人叫过来的呢？"伐竹翁立刻说："没想到会遇上神仙，一时无礼，竟然造成此种尴尬局面。深表歉意……"于是老人开始用"我以前

---

① 藤冈作太郎：《国文学全史 I · 平安朝篇》，平凡社，1971，第136-147页。

也是堂堂男子汉"的调子长长地咏唱起自己年轻时候和姑娘们一起嬉戏玩耍的快乐情景。于是，九位仙女也各自回应了他一首和歌。

虽然上述故事中男主人公的名字是伐竹翁，但是在《万叶集》中丝毫看不出他与伐竹有何关联，没有明显的证据证明其在内容上与《竹取物语》有关系。因此，很多学者认为《万叶集》第十六卷的和歌物语和《竹取物语》在素材方面没有关联。此外，从这位不伐竹的伐竹翁的名字读音还可以猜想老翁原来有可能是采蘑菇之人[①]，伐竹翁可能是根据地名取的名字，也有可能是专门捕鹰之人（契冲，《大和国地名类字》[②]）。竹取的读音应该是 taketori 还是 takatori [日语中"菌"的训读是"take"，"鹰"的训读是"taka"，"tori""有取得、采集、捕捉"等含义，所以"taketori"意为"采蘑菇"，"takatori"意为"捕鹰"——译者注] 呢？乍一看，这些像是要交给好事者去解答的细枝末节的问题，其实正是不可忽视的大问题。

暂且不论竹取的读音如何，根据它的汉字写法，如果"竹取"的本意是"菌取"的话，那么这位老翁就是一位专门采集被本草专家们尊称为灵芝类仙药的，类似于半个神仙的人物。以此类推，《竹取物语》中以伐竹为生的伐竹翁也许是由采集菌类的老翁转化而来。武田祐吉认为竹中诞生说本来讲述的就是灵草化为仙女的故事，可以看作是灵药的拟人化，武田祐吉还把《竹取物语》结尾处辉夜姬留下的不死仙药与他

---

① 武田祐吉：《万葉集全註釈》卷16，改造社，1950。
② 契冲、久松潜一：《契冲全集》第8卷，朝日新聞社，1927，第207页。

所认为的辉夜姬乃灵草所化联系起来，认为正因为辉夜姬是灵草所化，所以才能拥有长生不死的仙药，武田祐吉想要证明《竹取物语》在创作手法上的首尾一致性 ①。

当然，并不是学界所有人都认同这样的看法。到底应该如何看待《万叶集》中的伐竹翁故事和《竹取物语》的关系，关系到学者们如何看待《竹取物语》的本质、如何理解其素材等微妙问题，二者相互联动。提出《竹取物语》素材外国起源说的西村真次认为《竹取物语》和《万叶集》中的伐竹翁故事没有关系，但是他的论据与众不同。西村真次认为《竹取物语》受到了《后汉书》的影响，《万叶集》中的伐竹翁故事也受到了中国史书的影响。公元 4 世纪，晋代常璩的《华阳国志》中关于从竹中诞生的夜郎侯有如下描写："捐所破竹于野，成竹林，今竹王祠竹林是也。王与从人尝止大石上，命作羹。从者曰：'无水。'王以剑击石，水出，今竹王水是也，破石存焉。后渐骄恣。"

夜郎侯让随从在巨石上做羹这一点，和《万叶集》伐竹翁故事中少女们在山丘上煮粥这一点多少有些相似，因此，西村真次推测：中国西南部的竹王传说以某种形式传播到了奈良时期的日本 ②。

五、古代神话的系谱

在《竹取物语》的素材研究方面，如果把"竹中诞生"看作第一要素，目前《后汉书》《华阳国志》等夜郎侯的相关传说、契冲所提到的

---

① 武田祐吉：《校註竹取物語》，明治书院，1948。

② 西村真次：《万葉集の文化史的研究（增订 4 版）》，東京堂，1942，第 380-381 页。

《广大宝楼阁经》、从木瓜树的树瘤中诞生女孩的传说等都有较为相似，如果把这些传说看作是"竹中诞生"的改编版本，那么我们就不能忽视《奈女耆婆经》等佛典在"竹中诞生"这一点上与《竹取物语》属于同种类型的说法。特别是《广大宝楼阁经》《奈女耆婆经》之类的佛教传说与日本的物语文学有着紧密联系，夜郎侯之类的中国传说与日本古典文学之间也有关联，或者说中国南方各民族的风俗和日本的风俗有共同的基础，因此，日本最古老的物语文学《竹取物语》肯定与佛教传说、中国的民间文学、中国南方诸多民族的习俗等相互关联。但是，要把这些非日本的书籍直接认定为《竹取物语》的素材，目前还有不少难以逾越的障碍。

严谨一点来说，正如西村真次所指出的那样，如果要把这些非日本的书籍直接认定为《竹取物语》的素材，那么就得将幼小的夜郎侯换成幼小的辉夜姬，将命令随从做羹的竹王换成让老翁生火的仙女，真有必要将原本自由自在出场的人物进行转换而强行建立素材论吗？此类疑问，在迄今为止的素材论中已经出现不少。另一方面，从传说的整体构想等宏观层面来看，迄今为止的素材论也有颇多不足之处。波多江种一指出："目前的素材研究，仅停留在指出《竹取物语》与某些素材在部分内容上的相似性，而没有顾及故事的整体性。"我认为，作为古代物语文学的素材论，波多江的看法一语中的。然而，对于古代物语文学，波多江的看法似乎也有不妥。因为他在重视作品的整体构想之余，过于轻视作品之间的相似部分，这是波多江学说的一大缺陷。波多江认为在记纪神话中，乘坐天之罗摩船出现，与大国主神携手并肩安邦治国，最后引退于常世之国［长生之国——译者注］的少彦名命传说理应是《竹取物语》的素材。他强调该素材和《竹取物语》在整体构想上的相似性。对此，我难以认同，因此在此省略其细节，只把其整体构想上的相似性作为重点整理如下。①

表 1.1 《竹取物语》和少彦名命传说的比较

竹取物语	对应项目	少彦名命传说
竹筒 和伐竹翁是亲子关系 为家里带来财富 天空	←出现场所→ ←近亲关系→ ←在世上的作为→ ←最后归宿→	天上的罗摩船 和大国主是兄弟关系 协助创建国家 常世之国

六、来自朝鲜的故事

三品彰英的素材论在吸收波多江学说优点的同时摒弃了其缺点。三品彰英所推崇的素材是《大东韵玉》第九卷，其中的《新罗殊异传》讲述了竹筒美女的故事：

金庾信在从西州回家的路上，遇到一位神奇的赶路人。两人来到树下休息的时候，金庾信假装睡觉，只见男子从怀中取出一节竹筒，从竹筒中出现两位美女和男子聊天，后来美女们又返回竹筒中。不久，男子把竹筒放入怀里继续赶路。金庾信跟着男子到了京城。在前往南山的时候，两人又走到一棵松树

---

① 波多江種一：《竹取物語素材の研究》，《日本文学》1953 年第 5 期。

下，金庾信与男子一起喝酒，竹筒中的美女再次现身。男子
说："我住西海，娶了东海的女儿为妻，为了尽孝，和妻子一
起回家赡养父母。"转眼间，风起云涌，四周一片昏暗，男子
瞬间消失不见。

三品彰英把这部作品归为三个要点：

1. 赶路人从竹筒中取出美女（虽然没有明确注明美女是否是"拇指
姑娘"，但美女只有竹筒般大小）。

2. 赶路人和美女是夫妻关系。

3. 他们突然消失并前往其父母所在国度。

从上述三点来看，相较于备受关注的《万叶集》第十六卷的故事，
该故事更接近于《竹取物语》。故事中美女来自竹筒及最后消失并前往
其父母所在国度的故事情节与《竹取物语》的开头和结尾极其相似。此
外，南山树下赶路男子和美女谈话的故事情节与《万叶集》中仙女和老
翁的谈话情节也极为相似。通过进一步分析发现，《新罗殊异传》介于
《万叶集》第十六卷故事和《竹取物语》之间，也许可以借此对伐竹翁
及其他一些没有亲缘关系的人物设定提出反驳。从伐竹翁的名字展开想
象，也许《万叶集》第十六卷的仙女们也像《新罗殊异传》中的两位美
女一样，来自竹筒。

总之，《新罗殊异传》和《竹取物语》的关系，无论是在构想上还
是在部分要素上都有可比性；《新罗殊异传》是新罗末期，相当于日本
平安朝前期的著作，在时代上接近；两个传说的起源地也很接近，日本
和朝鲜在传说故事上有很多相似点。根据以上内容，三品彰英指出，
《新罗殊异传》与以往的素材相比，其与《竹取物语集》有着更强的关

联性①。另外，三品彰英还提及这两个传说的起源。在朝鲜半岛有沐浴日光而诞生天之圣子的日光感精型传说，与之相较，辉夜姬是自带光芒的孩子，有天之圣子的面容。此外，从"竹林中有一棵根部发光的竹子"（《竹取物语》）、"竹林中有一根竹子在发光"（《今昔物语集》）的描写来看，故事中描写的竹子不是生长于山野的普通竹子，而让人联想到它是天之圣子降落凡间时的媒介之竹。此外，老翁为了谋生所制作的大量竹筐，也不是日常生活中用来装粮食、运蔬菜的平凡之物，而是像承载着尊贵的蛭子漂流于水上的芦苇舟那样，是用来承载天之圣子的神圣容器。对于故事中伐竹翁把辉夜姬奉为神灵般供养，三品彰英在《关于辉夜姬的本质》中明确指出："由此可以断定最初的状态应该是老翁把栖身于竹子的神灵迎请到家。"②

第三节　日本起源说

一、仙女升天

关于《竹取物语》的素材，本居宣长曾说过"对其取材于梵汉书籍的看法难以苟同"，藤冈作太郎批评其为"纯属顽固派国学者的偏见"。

---

① 三品彰英：《かぐや姬の本質について》，平凡社，1971，第 247-248 页。
② 同上。

其实不然，本居宣长的看法颇有一定道理。因为《竹取物语》的主题可以归纳为一个男子（伐竹翁）遇到了另一个世界的女子（辉夜姬），并和那名女子过上了一段无论是在物质上还是在精神上都很幸福的生活，之后，随着与女子的分别，男子一蹶不振。在日本的古籍中能找到类似的传说和故事。例如，"近江国风土记逸文"（《帝王编年记》）中的"伊香的小江"故事、"丹后国风土记逸文"中的"奈具神社"传说，还有《古事记》《日本书纪》中海幸山幸的故事。此外，著名神话故事浦岛太郎的原型"丹后国风土记逸文"中的"浦岛子"，都属于与《竹取物语》同一系列的传说故事。"伊香的小江"故事梗概如下。

相传，在伊香郡与胡乡的伊香小江，曾有八名仙女化为天鹅在此沐浴。一个名叫伊香刀美的男子，目睹了这一切，于是让一条白狗去偷那名最小仙女的羽衣并藏起来。后来，七位姐姐都飞回了天宫。丢失羽衣的仙女不能飞翔，于是留在人间，和伊香刀美结为夫妇，生了两男两女。他们就是伊香连的祖先。之后，已为人母的仙女找到了羽衣，穿上它返回了天宫。留在人间的伊香刀美整日独自悲伤叹息。

还有一则"奈具神社"的故事。

在位于丹波郡比治地区的比治山山顶，有一处被称为真井的泉水，有八名仙女下凡洗澡。和奈佐老夫妇就住在附近，他们偷偷地把一名仙女的衣服藏起来。最后其他仙女都返回了天宫，而没有衣服的仙女事出无奈，只能听从和奈佐老翁的建议

成了老夫妇的女儿，留在人间和老夫妇一起生活。在那之后
的十几年里，仙女不断酿造美酒，这是只需一杯就能治好所
有疾病的月亮神酒，因此老夫妇家境日渐好转，囤积了不少
财富。但是有一天，变得骄傲自满的老夫妇对仙女说："你并
非我们的孩子，你走吧！"面对如此无情的老夫妇，仙女无可
奈何，带着满腔怨恨，流泪离开了比治。经过荒盐、哭木这
些地方，来到了船木的奈具村，经过长途跋涉，仙女的内心逐
渐平复，决定停留在此，她就是竹野郡奈具神社供奉的丰宇
贺能卖。

上述两则故事开头部分很相似，都描述了天界仙女与人间男子的幸
福和不幸。尤其是在丹后国（现日本京都府北部）的传说中，仙女成
为老夫妇的养女后为其带来财富的故事情节，以及近江国（现日本滋贺
县）的传说中，留在人间的仙女最后悲伤地返回天界的故事情节，都与
《竹取物语》的主要故事情节一脉相通。因此，羽衣传说素材说一直强
调上述两个传说或其中之一应该是《竹取物语》的创作素材，认为相较
于《竹取物语》女主人公的竹中诞生情节，更应该重视《竹取物语》故
事的主题。

二、羽衣传说和神仙思想

有不少学者认为，《竹取物语》的素材来自仙女妻子型传说或被
称为天鹅处女型传说的羽衣传说，阪仓笃义就是其中一员。他指出：
"《竹取物语》的素材和比治真名井的故事、伊香小江的故事、能乐词曲

的'羽衣'故事及现在日本各地流行的仙鹤妻子等民间故事，都属于同一类故事。"① 阪仓笃义的观点集中反映了学者们认为《竹取物语》取材于仙女妻子型传说的看法。

武田祐吉也发表了类似学说。他在列举《古事记》《日本书纪》《万叶集》《风土记》中的故事后指出："它们有一些共通点，比如女子并非凡人且非常漂亮，和女子一起生活的时候很幸福，还会从女子那里得到宝物，然而最后却都遭遇分离的困境。对于这些异界女性的描写，源于人们追求幸福的本能幻想。以这些古代传说为基本资料，加入神仙、仙境元素，就形成了'浦岛子'和其他神仙故事。《竹取物语》的前身（即所谓的汉文版原竹取物语——作者注）也是其中之一。"②

武田祐吉还强调辉夜姬升天的情节在整个故事结构上占据的重要位置，他认为辉夜姬升天的情节受到了中国大陆地区神仙思想的极大影响。武田祐吉认为，一般情况下，男神仙长生不老的具体体现就是鹤发童颜，女神仙长生不老的具体体现就是年轻貌美。武田推测，这些中国大陆地区的神仙故事跟随遣唐使的船只来到日本，受到了满怀好奇心的日本民众的欢迎。当时通晓汉文的日本文人特别喜欢反复阅读此类某人偶遇貌美仙女的故事。他们争相模仿编撰这类故事，以日本过去的传说故事为素材，创作日本国产的仙女型故事。于是，以海幸山幸传说为素材诞生了日本国产仙女型故事——浦岛传说，以吉野川流域的传说为素材产生了《万叶集》所收录的柘枝仙子的故事。同样，武田祐吉认为，在《万叶集》第十六卷中，伐竹翁遇到仙女的和歌物语，应该是将伐

---

① 阪倉篤義：《竹取物語解説》，岩波书店，1957，第6页。

② 武田祐吉：《竹取物語新解》，明治书院，1950。

竹翁在山林里遇到女子的故事改编为偶遇仙女故事，在素材和脚本上进行多样化地编写，"从飞鸟时代到奈良时代初期，当时的文人以一些古代传说为素材，将其改编为神仙故事。这些故事用汉文书写，还插入了大量和歌。"①

武田祐吉认为《竹取物语》也是其中的代表，尤其是故事的后半段——辉夜姬升天前后的描写中，神仙思想的色彩越发鲜明，可以说仙女故事已然成型。如此一来，故事的构想变得更为宏大，内容也变得更为复杂，呈现出戏剧性的结局。"但是，故事的素材还是日本的古老传说，素材属于天鹅处女型传说。"②

三、辉夜姬是鸟类吗？

虽然表达方式有所不同，但是三谷荣一、中岛悦次、高崎正秀等人的观点基本一致。三谷荣一认为，"竹取"的开头由仙女妻子（羽衣）传说而来，然后与致富故事结合在一起。他指出："竹取的开端和结尾都是'仙女妻子'的形式，这意味着'仙女妻子'就是故事的基本类型。仙女妻子或羽衣传说中，与竹中诞生传说最为相近的是'丹后国风土记'中比治山真名井的奈具神社故事。正因为《竹取物语》的基本类型是仙女妻子型传说，因此其结局一定是仙女重返天宫。而且，因为女主人公是天人所以让人立刻联想到中国的神仙故事，这就是竹中诞生传说中融入神仙故事的具体表现，由于竹中诞生传说里蕴含了浓郁的神仙

---

① 武田祐吉：《竹取物語と神仙思想》，《国文学解釈と鑑賞》1958年2月号，第53页。
② 同上书，第54页。

色彩，因此故事结局中辉夜姬的长生不死之药才能顺利登场。"①

中岛悦次认为："从根本上说，《竹取物语》的创作受到羽衣传说的启发，羽衣传说为其创作素材。"②

此外，高崎正秀的看法是"《竹取物语》最重要的素材来源应该是真名井的故事"③。

认为《竹取物语》是以天鹅处女型故事为素材的人除了上述几位还有很多。的确，在结构上，竹中诞生传说描写来自异界的女性为人间带来财富和幸福，多年后又重返故土。在返回月宫的描写中，辉夜姬升天的工具是前来迎接她的马车。如前所述，正如"突然穿上羽衣……"的桥段所描写的那样，离别的时候，伊香刀美的仙女妻子找到羽衣穿在身上后升天。综上所述，辉夜姬升天的描写和伊香刀美的仙女妻子升天的场景描写如出一辙，因此让人怀疑辉夜姬的真身是否是翱翔天际的鸟类。

辉夜姬的真身是鸟类吗？在诸如《今昔物语集》中的伐竹翁故事，辉夜姬最初是竹中诞生的三寸左右的孩子，伐竹翁将其带回去抚养长大，辉夜姬为报恩而使伐竹翁致富。如此一来，辉夜姬的诞生就有两种可能性，其一，她是天鹅处女也就是鸟类，其二，她就是竹中诞生的女孩。那么，新的问题出现了。鸟类和小孩之间又有什么关联呢？鸟类的幼雏为什么会从竹中诞生呢？对此，橘纯一在其论文《辉夜姬为什么会从竹中诞生》中，对此问题进行了自问自答式的讨论。

---

① 三谷栄一：《竹取物語の素材と構成》，《国文学解釈と鑑賞》1958年2月号，第2页。

② 中島悦次：《竹取物語と羽衣説話》，《国文学解釈と鑑賞》1958年2月号，第45页。

③ 高崎正秀：《<竹取物語新釈>解題》，桜楓社，1931。

四、从黄莺卵中出生

在后世的竹中诞生传说中，有不少故事描述辉夜姬是从黄莺卵中孵化而来。这些故事支持了"《竹取物语》是以天鹅处女型传说为主干创作的作品"这一观点。对此，后文会继续讨论。镰仓时代初期的《海道记》也描写了辉夜姬从黄莺卵中出生的情节。其开头如下：

> 从前，有个伐竹翁，女儿叫赫奕姬［日语读音和辉夜姬相同——译者注］。老翁在自家的竹林中发现鸟巢中的黄莺卵变成了小女孩，于是将其带回家抚养。

在其辞藻华丽的文章中，一直把这个小女孩称作赫奕姬，然而行文至一半时却突然写道：

> 莺姬吟诵和歌……莺姬来到竹亭……

文中一改赫奕姬的称呼，取而代之为莺姬，以此强调赫奕姬诞生于黄莺卵中。另外，在藤原为家收录的《古今集注》中，有两则被视为镰仓初期的竹中诞生传说，其一是：

> 从前，有位伐竹翁，在竹林中捡到黄莺鸟巢，鸟巢中的雌鸟正在产卵，不久雌鸟死去，伐竹翁觉得甚是可怜，于是捡起黄莺卵将它们捂热，孵出了小黄莺，但是有一枚黄莺卵中却孵出一个美丽女孩……

其二是：

> 从前，日本有个伐竹翁，在竹林中发现一个黄莺鸟巢，里
> 面有一个可爱的女孩。伐竹翁很疼爱她，像放在衣袖中的珍宝
> 一样，精心养育她……

以上两则故事都说明辉夜姬是黄莺的孩子。后来的《卧云日件录》
（文安四年二月二十日之条目）中，收录了一位叫城吕的琵琶师讲的故事：

> 从前，天智天皇的时候，在富士山脚下常常有一位老人来
> 卖竹子。人们觉得很奇怪，就尾随他去看看其住处。结果发现
> 他住在富士山中的一个村里。其家中有个女儿，貌美无比。老
> 人说，他在黄莺巢中发现一枚卵，后来孵化出这个女儿……取
> 名为加久耶姬［日语发音与辉夜姬相同——译者注］。

在竹中诞生传说的异传中，诸如此类灵童从黄莺卵中诞生的传说并
不少见。在今天的日本仍有"黄莺登梅，雀上细竹"的说法，即使在断
舌雀的故事中，雀的栖息地也是竹林。

在平安朝时代，人们认为梅树是黄莺歌唱的地方，而竹林则是黄莺
栖息之所。因此，较之"黄莺登梅"的说法，"黄莺登竹"的说法似乎
更为贴切。橘纯一认为："作为莺姬诞生的地方，竹林最为合适。"

如此，橘纯一间接回答了辉夜姬为什么从竹中诞生这个问题。此
外，关于上文提到的"辉夜姬升天""天之羽衣"，以及故事开头辉夜姬
被放在竹笼中养育等的描写，橘纯一指出这似乎是在告诉人们辉夜姬的

真身是鸟类，而且还是小型鸟类。如此这般，橘纯一将辉夜姬诞生部分的描写与羽衣传说结合起来。此外，他还指出奈具神社传说与被当作羽衣传说的《竹取物语》最为接近。他认为，奈具神社所在的丹后国的竹野郡流传的这一类民间传说，如果作为素材被《竹取物语》直接采用的话，那么《竹取物语》的作者从"竹野"这个地名展开联想，从而给物语取名"竹取"的可能性极大。这样一来，橘纯一就解答了辉夜姬为何从竹中诞生以及伐竹翁如何把她捡回去抚养等问题。[①]

第四节 《竹取物语》与柳田民俗学

一、"小个子"和致富传说

继《竹取物语》可能从海外文献或日本古代书籍中提取素材的研究之后，民俗学方面的研究逐渐成为主流。开拓此新领域并对其进行攀爬梳理的核心人物是柳田国男，其研究成果收录在《民间故事和文学》中的《伐竹翁》和《伐竹爷》部分。由于柳田国男在学术界的影响力较大，因此在关于天鹅处女型素材论所展开的讨论中，柳田国男所主张或支持的学说，都给学术界带来了较大影响。

---

① 橘純一：《かぐや姫は何故竹から生まれたか》，《国文学解釈と鑑賞》1937年4月号，第62-65页。

柳田国男在《伐竹翁》中开门见山地说："有很多读者……一提到那个时候的文学，就会想象大部分都是日本直接把唐朝或天竺的东西拿来用。但是让人意外的是，这部作品却是日本风格……"①

柳田国男大力主张《竹取物语》是以日本民间广泛传播的故事和传说为基础创造出来的作品。他认为，《竹取物语》实际上是在《今昔物语集》和其他作品中的竹中诞生传说的基础之上加入了部分流传至今的传说和故事。因此《竹取物语》的形成过程与民俗学密不可分。

在此需要重复一下，《竹取物语》的女主人公是被伐竹翁发现的，他常年在山野中以伐竹制作竹器为生。《竹取物语》如下描述了二人的奇妙相遇：

> 在竹林中，有一棵根部发光的竹子。伐竹翁觉得奇怪，走近一看，是竹筒里的东西在发光，一个三寸左右的小美人端坐其中。

没有孩子的伐竹翁立刻把她捧在手心带回家，让老婆婆好生养育。后来，发生了很多奇怪的事情。

> 自从伐竹翁捡到这个孩子之后，每次他去伐竹，在劈开竹子之后，都会在竹节里发现金币。伐竹翁变得越来越富有……

---

① 柳田国男：《竹取翁》，载《定本柳田国男集》第6卷，筑摩书房，1963，第172页。

如此这般，贫穷的伐竹翁突然变得富有起来。《今昔物语集》中也有如下描写：

> ……老翁一下子变得富有。他修建了如同宫殿般的楼阁用于居住，还积累了各种财宝，放在仓库里。

上文强调了贫穷的老夫妇偶然得子，并因此获得财富，属于一种养子（女）致富型传说。这种让人意想不到的故事情节本身就很吸引人。泷泽马琴曾把桃太郎的故事与《竹取物语》联系起来，他认为，桃太郎的故事也属于养子致富型传说。桃太郎故事的大概内容是：砍柴翁的老伴在山谷的溪流边，发现一个顺水而下的桃子，她从中获得一个男孩，取名桃太郎。桃太郎长大之后去鬼之岛，把那里的金银财宝和绫罗绸缎带回家乡。捡与被捡人物的男女性别和《竹取物语》对调，虽然桃太郎的故事往另一个方向发展，即桃太郎前去征讨危害百姓的恶鬼，但是故事的结局同样是给养父母带来财富。民间故事《桃太郎》的结尾如下：

> ……桃太郎把财宝装上车，让狗、猴子、雉鸡拉车，大家一起把财宝带回去给老夫妇。这件事传到了天皇那里，天皇夸赞了桃太郎，并让老夫妇过上了幸福的生活。（日本青森县三户郡）

流传至今的民间故事——一寸法师也与此类似。一寸法师的故事开头是他以碗为舟，以筷为桨，顺着河流漂泊。这些"小个子孩童"的故事一般都有其非同寻常的出生经历。或是没有孩子的老夫妇向神佛祈祷，神佛满足其愿望，从老婆婆肿胀的手掌或是大拇指中诞生出小孩，或是从顺流而下的圆木中获得孩子。然后，和众所周知的桃太郎故事一样，"小个子孩童"一路斩妖除魔获得财宝，这些故事里都有致富型传说的投射。

总之，膝下无子的穷人通过向神灵祈求得到的孩子往往会以不同寻常的方式出现。还有一类致富型传说，如"邻家爷"型传说：将憨厚耿直的人与贪婪狡猾的人进行对比，然后颂扬耿直之人最终获得幸福生活。此外，龙宫小狗故事也属于相同类型的致富型传说，只不过故事的重心有所转移。

> 一位善良的老爷爷把卖剩下的木柴（门松）扔进海里（河里），因为此善举，他被邀请到海底做客。从龙宫返回的时候，他没有选择带上龙宫的公主而选择带上小狗回家。后来，这只其貌不扬的小狗排出的粪便竟然全部变成了黄金，老爷爷突然变成富翁。隔壁贪婪的老爷爷想模仿他，但是，其利欲熏心的所作所为都以失败告终。

在日本民间故事中，将无欲无求和贪得无厌进行鲜明对比，宣扬惩恶扬善的代表故事是"开花爷"。这个民间故事以老爷爷在田地里干活时突然听到小狗微弱的哭声开始，有些地方的此类故事说白色小狗是老爷爷自家养的小狗。或者是，老婆婆在溪边洗衣服，突然从上游漂下来一个小箱子，里边装着一只白狗，总之都是小狗不请自来，给穷人带来幸福的故事。小狗来之后指引老爷爷从地里挖出了金币，小狗死后老爷爷在其坟上种树，树长大后小狗托梦叫老爷爷把树做成打年糕的臼，后来打年糕的臼被烧掉变成灰，这些灰具有使枯木开花的神奇力量，小狗直到生命的尽头还会给老夫妇带来幸福。此类故事的奇思妙想往往更加夺人眼球，而让人忘却了其主旨是宣扬小狗给穷人带来的幸福。尽管如此，此类故事仍不失为优秀的穷人致富型故事。

二、幸运故事的诸多表现形式

柳田国男认为，此类借由灵童、仙女或其他神灵的帮助而发家致富的故事结构大致可以分为两个阶段。第一阶段是神意作用对象的选择，这些被神意选中的对象在凡夫眼中往往是令人意想不到的穷人、愚钝之人、丑陋之人、羸弱之人或一事无成的懒汉，这些人反而容易得到神的垂青。按照中国小说的说法，这是由于这些人具有天缘或前世因缘。接下来，致富故事需要加上某种常识性的说明，这样的说明能体现当时社会的价值观。故事中的致富者，或是通过本人的努力，或是积累了功德。即使人们肉眼凡胎看不到他们的努力和功德，但是上天都要表彰他们，正如不少故事中描写的那样，心地纯良的老爷爷、孝敬父母的孩子、善良的穷人、聪明机智的人都能成为神意选择的对象①。

受到神意指引前去帮助穷人的使者往往以人类小孩的姿态出现，例如一寸法师、桃太郎，还有手指太郎、豆太郎、五分次郎等。另外以动物的形态或者畸形儿的形式出现的有上述的小狗、田螺儿子、蛙儿子、蛇儿子等。他们虽然在出现方式、姿态、外形上有所不同，但是绝大多

① 柳田国男：《竹取翁》，载《定本柳田国男集》第 6 卷，筑摩书房，1963，第 170-171 页。

数都是以灵妙的"小个子"姿态来践行神意。关于"小个子"的研究，柳田国男和石田英一郎等人的研究成果斐然，特别是石田英一郎，在其著作《桃太郎之母》中，运用民族学的方法，从世界文化史的角度对桃太郎的由来进行了深入研究。石田英一郎注意到受神意指使的这些"小个子"往往出现在水边，他们背后存在一位若隐若现的母亲，通过对他们母亲朦胧身份的研究，石田英一郎尝试把此类故事的产生与日本母系社会以及母系神明信仰（大母神信仰）联系起来。在此，我并不想追随石田英一郎，附人骥尾地深入展开抽象议论。因为，正如"只见树木，不见森林"一语所言，一味寻找"小个子"辉夜姬的渊源而将之抽象化的话，则与本章研究《竹取物语》的直接素材之初衷相去甚远。而且，我在此不想追随石田英一郎的学说还有一个原因。我认为，辉夜姬的真身为何物姑且不论，如果将辉夜姬与以上列举的"小个子"们进行比较，我们不能忽视的重点就是绝大部分"小个子"都是男孩，而只有辉夜姬和莺姬是女孩。

三、放屁爷

柳田国男注意到中世［一般指镰仓幕府成立（1192 年）至江户幕府开始执政（1603 年）的这一历史阶段——译者注］以来的文献所传承下来的竹中诞生传说的异传中，辉夜姬是从竹林中的黄莺卵中诞生的，因此，除了"伊香的小江""奈具神社"等古代文献资料之外，柳田国男还十分重视不以文字形式而以口头传承方式在日本各地流传的口传文学，在柳田国男所关注的民间故事中，有被称作"伐竹爷"和"吞鸟爷"的有趣故事。

老爷爷在山上砍柴，突然有一只小鸟飞来停在了他的肩膀上，于是老爷爷就喂小鸟吃饭团。这时，小鸟飞进老爷爷嘴里，羽毛却从老爷爷的肚脐那里露出来，于是老爷爷想把小鸟从肚脐里拉出来。谁知拉的时候肚脐发出"带上小米，啾啾，带上大米，啾啾，去净土参拜，啾啾"的鸣叫声。后来老爷爷进城，并因此赚到了很多钱。（日本新潟县新发田地区）

也有很多故事里描述拉小鸟的时候发出叫声的地方不是肚脐而是屁股，此类由于独特的放屁技巧而成为富翁的故事，显得非常滑稽可笑。下面这个故事虽然有些粗俗，但是它在民间流传甚广。

一位老爷爷在主君的树林里砍竹子，被看管树林的官员质问身份，老爷爷回答："俺是放屁老头。"结果，他被官员要求放一个听听。于是老爷爷的屁股发出了悦耳的声音，后来，他被带到主君面前，展示其技能，得到了很多奖赏。隔壁的懒汉听说了此事之后，想要去模仿，结果却因为放出来的是噪音而被处死。（日本熊本县天草地区）

小鸟是此类致富型故事的重要角色，通过搜集和比较此类故事，不难发现辉夜姬出生自黄莺卵而非竹子的传说的确应该引起学者们的注意。而且，在《竹取物语》中，这个三寸左右的女孩"因为特别小，所以被放入竹笼中抚养"，在《今昔物语集》中，双关语和俏皮话等语言游戏频繁出现。竹笼的"笼（ko）"和孩子的"子（ko）"，也是一对双关语。该物语通过诙谐的文笔，不经意地表现了这个小孩如同养在笼中小鸟一般的本性。因此，如前所述，生于黄莺卵的传说更有助于我们联想辉夜姬的真身是翱翔天际的鸟，她若要返回天宫，则需要披上天之羽衣。

四、从天上来回天上去

柳田国男认为在伐竹翁物语中，"神女（竹中诞生型——作者注）的出现并非其唯一条件"①。另外，"其他的版本（从伐竹翁捡到的黄莺卵中出生型——作者注）看起来很自然……可以推测出《竹取物语》中辉夜姬和黄金同时在竹筒里发光并不是漫不经心的改编"②。

因此，如果我们要再次追问辉夜姬的身世真相，也许正如辉夜姬自己所言，"其实我并非凡人……来自天上的人要接我回去"（《今昔物语集》）。

她从天上来，要回天上去，她属于天界。所以柳田国男在《伐竹翁》中说"人们可以接受她由鸟类变化而来的看法"，即辉夜姬有可能是从黄莺卵中孵化而来，而黄莺经常栖息于竹林，所以辉夜姬从竹中诞生是二次转化的结果。

由于辉夜姬的诞生和竹中诞生没有必然联系，因此柳田国男认为获得神童而发家致富的老翁的职业也不一定是伐竹人。问题的关键在于老翁原来是个极其贫困之人，靠伐竹或砍柴来维持生计。例如，《竹取物语》中写道"老翁常进山林中伐竹，用来做成各种器具。"而在《海道记》中则写为"老翁家的竹林"，老翁有房屋和田地，他和亲眷们居住

---

① 柳田国男：《竹取翁》，载《定本柳田国男集》第6卷，筑摩书房，1963，第183页。
② 同上书，第178页。

在一起，是一个在生活上无忧无虑的老翁。但是，"不能因为老翁生活在山林里，就想当然地认为伐竹是他的工作。即使是在今天，也有人砍伐公共区域的竹子和藤蔓，制作成各种物品去出售，由此可见，他们的生活比常人艰难。更何况在以农耕为主业的古代，有些人收集人们不要的东西去换取布匹和粮食，可想而知其生计之艰难。"①

柳田国男认为伐竹翁和桃太郎故事中的砍柴翁一样，可以说是一贫如洗，"贫穷的老翁有一天突然得到一个能为他带来财富的美丽少女，在那以后，竹节中不断出现黄金，老翁变成了百年难遇的幸运儿。这一点正是该故事的趣味所在。"②

总体而言，《竹取物语》讲的是来自异界的幸运降临到穷人身上的故事，一向严谨的柳田国男罕见地得出结论："一定是……把羽衣传说的某个阶段作为基础……"③

五、古代神婚神话

迄今为止的素材论，尤其是国外起源说，只不过停留在一部分内容的相似之处上，与之相关的大部分比较研究也仅是内容上的单纯对比。柳田国男关于《竹取物语》的卓越见解在学术界树立了权威。从此以后，他的见解成了讨论《竹取物语》素材的出发点。受其影响，很多学者提出了各种各样的假说，我在后文会提到其中的一些假说。至于柳田国男本人是否支持后人的这些看法，我们不得而知。上文提到的

① 柳田国男：《竹取翁》，载《定本柳田国男集》第6卷，筑摩书房，1963，第179页。
② 同上书，第187页。
③ 同上书，第172页。

橘纯一关于竹野郡流传的羽衣传说素材论就是这些假说中的一个。

接下来要讨论的是以羽衣传说的某个变化阶段为素材的《竹取物语》和《万叶集》第十六卷的和歌物语之间的关系。如前所述，二者之间被认可的共通点只有"伐竹翁"这个名字。按常理来说，如果《竹取物语》中的伐竹翁不以伐竹为业，那么《竹取物语》和《万叶集》第十六卷的和歌物语之间的关联就会更少。然而，柳田国男并不这么认为。柳田国男指出，《万叶集》第十六卷的和歌物语中伐竹翁以"我年轻的时候啊"的口吻讲述他的年少轻狂，以回应少女们的抱怨。贫穷的伐竹翁，"讲述他年轻时候结婚并过上幸福的生活，可见在当时结婚并过上幸福生活是人们共同追求的梦想。因此，伐竹翁年轻时代的美好回忆多半都是他想象出来的"(《伐竹翁》)。

柳田国男如此理解《万叶集》第十六卷的和歌物语，并指出一些细微的差别，例如，与和歌物语中伐竹翁遇到九位仙女的情节不同，"伊香的小江"和"奈具神社"故事中所描述的是遇到八位仙女的故事，还有就是仙女成为男子的妻子或养女的区别。柳田国男把乍一看没有关联的《竹取物语》和《万叶集》中的和歌物语，通过羽衣传说来解读，使得二者的关联逐渐清晰起来，从而推测出羽衣传说在当时的普及程度。

除了柳田国男，还有不少学者尝试把《万叶集》中的和歌物语和《竹取物语》联系起来，积极找寻两者之间的关联，三谷荣一就是其中一人。三谷荣一认为，九位仙女回唱的"我无依无靠"，意思是"委身于你"，从这句话可以看出仙女和老翁有一定关系，而且这又是万叶时代的伐竹翁故事，因此，有可能伐竹翁自己就是求婚者。此外，还有学者——手塚昇把焦点放在《竹取物语》中仙女升天情节的描写上。手塚昇指出，《竹取物语》中描写"老翁今年五十岁左右"，老翁对前来迎接辉夜姬的使者说"已经抚养辉夜姬了二十几年"。如此看来，那当初在竹子中发现辉夜姬的人就不应该是白发老翁，最多也就是个二十几岁的青年。手塚昇主张，发现幼小辉夜姬的伐竹者，应该是最早向辉夜姬求婚的人。有了手塚昇学说的助力，三谷荣一进一步认为竹中诞生传说的原型是神婚神话。

在古代的确有很多神婚神话。"伊香的小江"也属于这一类神话传说，《万叶集》第三卷和《怀风藻》中所收录的"柘枝仙女"的传说也属于这一类型。讲述的是化身为柘树树枝的吉野仙女，在吉野川被一个以设置鱼梁捕鱼为生的名叫味稻的老人捡去并结婚，后来一起升天的故事。如此这般，异界神仙化身为"小个子"或小物件被人捡去后来再升天的故事构造，套用在《竹取物语》中也是说得通的。

三谷荣一认为，《万叶集》中伐竹翁的故事，是在当时这种神婚神话环境中孕育出来的，是以仙女和伐竹翁为中心而展开叙述的故事。而《竹取物语》的故事内容却与故事名称相去甚远，伐竹翁被写成了配角。尽管如此，《竹取物语》依然没有脱离神婚神话的本质，只不过故事的展开不再以伐竹翁为主线，而是将五名贵公子和天皇的求婚作为故事主体展开叙述。

在《今昔物语集》以后，《海道记》《词林采叶抄》《本朝神社考》等书中的伐竹翁故事与地名起源故事、神佛感应故事以及其他各种传说融合在一起，发生了各种变化，但是只有向神圣的辉夜姬求婚这一要素原封不动地被传承下来。对此，三谷荣一解释道："《竹取物语》作为羽衣传说，也是古代神婚神话的一个变体。"[①]

[①] 三谷荣一：《物語文学史論》，有精堂，1952，第375-378页。

第二章　《竹取物语》的形成

第一节　竹中诞生传说中的难题求婚情节

一、求婚者有几人？

虽说伐竹翁向辉夜姬求婚的情节早已不见踪影，但是天皇和贵公子们向辉夜姬求婚的故事情节却流传至今，这种现象似乎印证了竹中诞生传说的原型就是神婚神话。为何天皇和贵公子们向辉夜姬求婚的故事情节在越古老的文献中描写就越详细，其结构也越复杂呢？另外，关于竹取神婚故事还有一个疑问，那就是本来应该很神圣的神婚故事，为何会被描写得滑稽可笑以博人眼球呢？

在众多的竹中诞生传说中，描写了难题求婚情节的有《竹取物语》和其后的《今昔物语集》中的伐竹翁故事，在它们之后的竹中诞生传说都没涉及难题求婚情节。《竹取物语》的结构由五个部分组成，与之相对，《今昔物语集》中的伐竹翁故事正如辉夜姬给贵公子们出的难题一样，由三个部分组成：

> 让第一位贵公子去把天空中鸣响的雷抓来，到那时才能相见。让第二位贵公子去把优昙花拿来，到那时才能相见。让第三位贵公子去把不敲自响的鼓拿来，到那时听到鼓声自然能相见。

爱慕辉夜姬的贵公子们四处寻访见多识广的老人，向他们打听难题中宝物的所在之处，有些人翻山越岭去寻找，结果却无功而返。不过，难题求婚情节的描写没有记载求婚者的名字，求婚者的人数到底是三人还是几人也不得而知。同样难以断定的是，辉夜姬究竟是一次性提出三个难题还是分三次提出难题，在文中也没有明确指出。然而，从辉夜姬与贵公子们的约定，我们可以推测难题应该是分三次提出来的，求婚者的人数也应该是三人。假设求婚者超过三人，那么有可能是作者只写出了三个难题，而把其他的难题都省略了。不过，从难题型民间故事最常见的形式来看，该故事的难题求婚情节只有三个难题（雷、优昙花、鼓）的看法较为妥当。

二、难题故事的模式尝试

研究民间故事的专家关敬吾指出，难题型民间故事中去完成难题的人一般是三人或将众多的人分为三个群体，难题一般为三个，故事的展开也分为三个阶段。我们无法知道《竹取物语》的作者在写作过程中是否意识到上述难题型民间故事的创作模式，但是分析《竹取物语》的内容可以看出作者还是遵循了不少民间故事的创作规律。例如，出场人物有辉夜姬、求婚者（包含天皇）、伐竹翁三个群体，而且围绕五名贵公子的难题求婚及其难题的解决办法，可以分为三人、一人、一人的三个阶段进行分析。

第一阶段：

（1）石作皇子的难题解决方法。

（2）车持皇子的难题解决方法。

（3）右大臣阿倍的难题解决方法。

第二阶段：大伴大纳言的难题解决方法。

第三阶段：石上中纳言的难题解决方法。

具体可做如下分析：

首先，第一位贵公子石作皇子前往距离自己住处不远的大和国十市郡的山中寺庙，去取宾头卢尊者像前面沾满灰尘的石钵，虽然他拿回的是假货，但是他按照辉夜姬的吩咐取回了佛前石钵。第二位贵公子车持皇子从一开始就有计划地修建房屋，让六个工匠在那里制作假货，而且装作像是经过了三年的艰苦跋涉最终带回宝物的样子。第三位贵公子右大臣阿倍花重金让来自大唐的王庆去寻找火鼠裘，但是最后骗局也被识破。

第二阶段是第四位贵公子大伴大纳言建造了气派的房屋，把原配妻子逐出家门，然后让家臣去寻找龙头上的明珠，准备迎娶辉夜姬。但是，这些家臣或是根本没有打算出门，或是随便到某个地方走一遭，根本没去寻找宝物。于是大伴大纳言决定亲自出发前往筑紫附近的海域，但是船只遇难，他以为漂流到了南海，结果是漂流到了播磨的明石海岸，最后也以失败告终。大伴大纳言的难题解决方法包含了前三位贵公子的解决方法，因此在形式上属于第二阶段。而且关于大伴的性格描写，也兼具了前三位贵公子的性格特征。

第三阶段是第五位贵公子石上中纳言，他与前四位贵公子不同，他资质愚钝、憨厚老实，虽然最后也失败了，但是辉夜姬在五人中最同情他。

通过上述分析，关敬吾总结道："在《今昔物语集》的伐竹翁故事中描写三人去完成三个难题，而在《竹取物语》中是五个人分三个阶段相继完成难题，《竹取物语》和《今昔物语集》中的伐竹翁故事在结构上没有太大差异。"[1]

---

[1] 関敬吾：《竹取物語の構造と意味》，《国文学解釈と鑑賞》1958年2月号，第29页。

三、另一种尝试

三谷荣一的看法和关敬吾有一定相似之处，他也认为《竹取物语》的难题求婚情节在形式上虽然有五个，但是从内容上看却是由三个部分构成。不过，三谷荣一的分析与关敬吾有一定区别，三谷荣一将最初的两位贵公子划分为一类。

1. 石作皇子心有城府。

2. 车持皇子心有谋略。

三谷认为这两位贵公子的身份都是皇子，开头部分的描写也非常相似。从性格上看，两人形成鲜明对比，一个恬不知耻、反应迟钝，另一个神经过敏、骄傲自大。

3. 右大臣阿倍家财万贯，家臣众多。

三谷荣一认为，故事中关于第三位贵公子，没有过多地描写他的性格，而是把更多笔墨放在其家世上，因此与对前两位贵公子的描写不同。紧随其后的第四位和第五位贵公子的描写都省略了其家世。

4. 大伴大纳言把家臣都召集起来，对他们说……

5. 石上中纳言对家臣们说："燕子筑巢，就来禀报。"

故事从两位贵公子对家臣发号施令开始描写。三谷荣一认为，此二人虽然有大纳言、中纳言之分，但是二人都是纳言的官职。二人的性格有所不同，前者勇猛却目光短浅，后者能听取旁人的建议但却完全依赖家臣，性格消极懦弱。此二人也形成鲜明对比。三谷荣一如此整理分析故事的结构之后，指出："总之，以第三位皇子右大臣为中心，第一和第二位皇子可以归类为奸计组，第四和第五位纳言可以归类为愚钝憨厚组，这两大组形成鲜明的对比。同时，奸计组中的两位皇子和愚钝憨厚组中的两位纳言也分别形成鲜明的对比。此外，辉夜姬所指定的宝物，第一和第二位皇子虽然找来的是假货，而且最终被识破，但是毕竟找来了东西。但是，第四和第五位纳言的宝物却完全无迹可寻。从这个方面来看，前两位皇子和后两位纳言也形成鲜明对比。"①

四、《竹取物语》和《今昔物语集》中伐竹翁故事的关系

《竹取物语》和《今昔物语集》中的伐竹翁故事（以下简称为《今昔竹取》）在结构上基本上相同，但是后者的故事结构更为简约。关于这一点，从《今昔竹取》难题求婚情节来看，便可一目了然。此外，关于难题求婚中的各种宝物，《今昔竹取》中描写了空中鸣响的雷等，这些都是日本传说中常见的事物。因此，较之于《竹取物语》，可以说《今昔竹取》更多地保留了古老传说的原汁原味。但是，《竹取物语》完成的时代却远早于《今昔竹取》，《今昔竹取》明显有模仿《竹取物语》进行创作的痕迹。例如，在其开头，有"三寸左右的小美人""伐竹翁之妻""把小美人放入竹笼里养育""小美人三个月长大"等情节，两部作品之内容高度相似。而且，两部作品在开头部分的语言表达也高度相似，让人不得不认为其中一个作品一定是模仿了另一个作品。具体而言，总感觉两部作品描述相似的前半部分和后半部分是相互倒置的。关于这点，三谷荣一指出这种倒置是从平安时代末期至镰仓时代所流行的一种改编手法。也许作者在创作过程中受到其他作品的影响，于是在创

---

① 三谷栄一：《竹取物語の素材と構成》，《国文学解釈と鑑賞》1958 年 2 月号，第 8 页。

作的中途进行了一定的改编。此外，《今昔竹取》对难题求婚部分的描
写过于简略，但是开头部分的描写却较为详细，其详细的程度几乎能与
《竹取物语》相媲美。由此可以推测，《今昔物语集》的作者应该是模仿
了《竹取物语》的开头部分①。

　　虽然《今昔竹取》的问世晚于《竹取物语》，且有模仿《竹取物语》
的嫌疑，但是，正如上文所述，《今昔竹取》相对完好地保留了故事的
原型，这可谓是《今昔竹取》和《竹取物语》之间的关联。这一点体现
在如果将《今昔竹取》中辉夜姬指定的宝物放在《竹取物语》中就会显
得唐突。例如，车持皇子伪造了蓬莱仙枝并把它献给辉夜姬时，人们交
头接耳地议论"车持皇子拿着优昙花回来了"。如同移花接木般突然出
现的优昙花，从现存版本的《竹取物语》的内容来看，无法对其进行合
理解释。对此，或许只能认为《今昔物语集》所取材的民间故事中，优
昙花是难题之一。而《竹取物语》的作者在对同一种类素材进行改编和
创作时，不小心保留了优昙花。这样的解释还可以从以下几点进行补
充。大伴大纳言为了寻找龙头上的明珠，乘船出海遭遇暴风雨时说道：
"龙是雷神的同类。"这与《今昔竹取》中三个难题之一的捕捉空中鸣
响的雷相对应。如此一来，《今昔竹取》的三个难题中便有两个难题在
《竹取物语》中有迹可循，这种现象无论怎么看都绝不是偶然。这种现
象的背后可能有两个原因：一是早期的素材无意间在《竹取物语》中留
下踪影；二是揭秘《竹取物语》在创作过程中可能将早期素材中的难题
宝物进行了改编。无论从哪个方面看，都可以证明《今昔竹取》的故事

---

① 三谷荣一：《物語文学史論》，有精堂，1952，第 380—382 页。

形式比现存《竹取物语》更加古老①。

　　然而，关于上述优昙花论和雷神之说，学界也有人持反对意见。因为优昙花是想象中的植物，据说三千年才开一次花，常用来比作难以获取之物。与此相对，《竹取物语》中的蓬莱仙枝——"白银为根，黄金为茎，白玉为果实"。如果用优昙花代替蓬莱仙枝或将二者混为一谈也的确让人觉得奇怪。但是，在《硕鼠漫笔》第八卷的"优昙花之说"中说优昙花为"金花"，过去在日本也有将草蛉卵称为优昙花或金花、银花的情况。从金花、银花的称呼出发，似乎也不难理解将蓬莱仙枝和优昙花混同在一起的情况②。

　　龙和雷神混同的情况远比蓬莱仙枝和优昙花的混同情况容易发生。在中国，自古就有观念认为雷神是龙蛇形状，在《山海经》《淮南子》中雷神是龙头人身，以腹为鼓。在日本，也有雷神是龙蛇形状之说，还有少子部螺蠃捉到三诸山的雷神之后定睛一看是大蛇的故事，《丰后国风土记》中把龙蛇称为神也是证据之一。但是，不能因为《竹取物语》中出现了优昙花和鸣神的字样就立即认定《今昔物语集》中的伐竹翁故事早于《竹取物语》，进而认为《今昔竹取》是《竹取物语》的素材之类，这样的看法过于跳跃。而且，我们也不能断定后世在改编《竹取物语》的时候是否把《今昔竹取》中的难题写了进去。总之，关于《竹取物语》和《今昔竹取》的关系，相较于素材、模仿之类的直线型关系，不如说二者都是基于当时的民间传说进行的创作。现在学界有代表性的

---

　　①　武田宗俊：《竹取物語の成立年代並びに作者に就いて》，《国語と国文学》1951 年 1 月号，第 16 页。

　　②　神藤豊：《竹取物語研究に於ける民族学的方法の位置》，《古典研究》1938 年 3 卷 12 号，第 263 页。

看法是"《竹取物语》是基于民间传说进行的创作，而《今昔竹取》则是相对忠实地记录了当时的民间传说。不过，《今昔竹取》对民间传说的记录也有省略，因此难以得知它的忠实程度。但是，可以肯定的是《今昔竹取》较好地保留了民间传说的古老形式，它很接近当时的民间传说。"①

还有看法是"也许《今昔物语集》的作者是利用竹中诞生传说，将自己所见所闻的民间故事整合为一篇文章。"②

五、为何天皇要出场？

比较《竹取物语》和《今昔竹取》中的难题求婚情节，不难发现《竹取物语》中的难题远远超出当时日本民众的想象。虽说雷、鼓之类的难题宝物也经常会出现在难题型民间故事中，但是《今昔竹取》中的难题不一定保留其最原始的形态。首先，优昙花过于雅致。另外，关敬吾认为，《今昔竹取》中的难题求婚情节虽说记录了当时的口传文学，但是毋宁说正是这一点让人产生了疑问。因为，《今昔竹取》中难题求婚情节的三个难题是按照雷、优昙花、鼓的顺序出现的。雷在流传至今的众多民间故事中一般都是最后一个出场，雷的出场一般要让某个罪孽深重的人死亡或是给予其致命的打击。例如：

> 年轻人偶遇仙女，二人结为夫妇。仙女花三年时间织了一

---

① 関敬吾：《竹取物語の構造と意味》，《国文学解釈と鑑賞》1958 年 2 月号，第 29 页。

② 三谷栄一：《物語文学史論》，有精堂，1952，第 383 页。

匹布。年轻人把布拿到集市上去卖，当地主君买了去。过了四五天，主君叫来年轻人，给他出了个难题，主君说："前几日，你卖的布不是普通布，把给你织布的妻子交出来，如若不然，你就拿一千根用灰做的绳子来代替。"年轻人把难题告诉妻子，妻子听后面朝天空拍拍手，天空中出现一个箱子，妻子把箱子里的东西拿给丈夫叫他交给主君。主君又叫年轻人把雷神抓来。仙女妻子也照办，年轻人又拿了个箱子交给主君，在他刚把箱子打开一个缝隙的瞬间，电闪雷鸣，下起雨来。后来，箱子完全打开，狂风大作，大雨滂沱，下人们吓得抱头鼠窜，主君也惊恐万分，连连求饶。（日本岩手县紫波郡地区）

与上述民间故事中雷神的出场顺序不同，《今昔竹取》中雷神最先出场。对此，关敬吾认为《今昔竹取》完全无视此类民间故事的规则，这是《今昔物语集》并没有将口传故事原封不动地记录下来的证据之一。而且，关敬吾还指出《今昔竹取》也和《竹取物语》一样，出现一个特殊求婚者，那就是最后出场的、不用接受难题考验的天皇。民间故事却没有此类故事情节。

关于天皇出场，关敬吾认为其意义在于作者想强调该故事的难题求婚情节。因为对于任何民族而言，天子都是最高统治者。《今昔竹取》无视民间故事的结构，打破其规则，在最后加上天皇作为求婚者的情节，是想强调辉夜姬举世无双的美丽和她不同寻常的身份。此类润色行为常见于物语文学中。除此之外，关于天皇求婚，关敬吾还列举出另一个原因。

关敬吾认为难题求婚故事中，根据难题可把命题者的立场分为 A 和 B 两种类型。A 型如辉夜姬，由女主人公自己向求婚者命题。B 型如仙鹤妻和画中妻故事中描述的那样，有权势者意欲抢夺他人的妻子或女儿，于是向其丈夫或父亲强行命题，上述日本岩手县紫波郡地区的千根用灰制成的绳、抓雷神的难题故事就属于 B 型。关敬吾认为，《竹取物语》的难题求婚属于 A 型和 B 型的复合型。辉夜姬虽然向贵公子们命题，但是唯独没有向天皇命题。"天皇虽然意欲抢夺这位并非凡间的美女，但是天子没有出难题。此类形式的民间故事一般是有权势者向美女的丈夫或父亲提出难题，然后由美女想办法解决。美女一般在解决难题或制服有权势者之后，抛下丈夫回到故土（B 型难题求婚故事——作者注）的故事形式比较常见。"①

难题求婚的最后出现天皇求婚的情节，究竟本身就属于抢夺型即 B 型难题故事的一部分，还是为了强调辉夜姬非同寻常的美丽和出身而附加上去的情节，有待读者自行判断，于我而言，我支持后者。很多物语文学都有在结尾部分添枝加叶的倾向，《竹取物语》也属于其中之一。例如，在该物语的各段的结尾部分都会不厌其烦地重复总结和修饰的话语。在佛前石钵的难题描写中，石作皇子带来的石钵被辉夜姬识破之后，他把石钵扔在门前，作和歌一首："钵对美人光自灭，我今扔钵不舍乡。"他厚颜无耻地通过扔掉石钵的方式，向辉夜姬表达即使不顾廉耻也要求婚的坚强意志［"扔掉钵"的发音与"扔掉廉耻"的发音相同，这里使用了日语的双关语——译者注］。

---

① 関敬吾：《昔話の歴史》，至文堂，1966，第 228-230 页。

第二节 难题求婚情节的形成

一、难题故事的定位

虽说《竹取物语》与《今昔竹取》中难题求婚情节的基本结构相似，但《竹取物语》中难题求婚的内容，并非只是简单地将三个难题扩充为五个而已。因为，在《今昔竹取》中，难题求婚部分的篇幅不足整个故事的四分之一，而在《竹取物语》中却占据了大量篇幅。

例如，岩波书店的日本文学系列所收录的文本中，在共 39 页的篇幅里，竹中诞生、伐竹翁致富、辉夜姬升天、不死山（富士山）的地名起源等内容总共只占用了 15 页，剩余的 24 页篇幅全被五位贵公子的难题求婚内容所占据。该故事的主线是灵童从竹中诞生，然后被伐竹翁抚养、完成报恩，最后在升天时悲伤地说道："我并非凡间之人，而是来自月亮。由于前世某种姻缘，来到人间，现在该回去了……"与故事主线的纵向叙事相对，五位贵公子的求婚内容分为大体相等的五个段落[①]，独立、并列地横向展开。而且，出场人物之间没有任何联系、纠葛。

通过对这种不平衡、极其不自然的双重构造的分析，暂且不论《竹取物语》的前身是否具备加入难题求婚情节的基础，但是以下的推测应当可以成立。那就是，远超整篇故事过半篇幅的 5 位贵公子的难题求婚描写，是后来才添加的部分。（参照图 2-1）

---

① 阪倉篤義：《竹取物語解説》，岩波书店，1957，第 12-18 页。

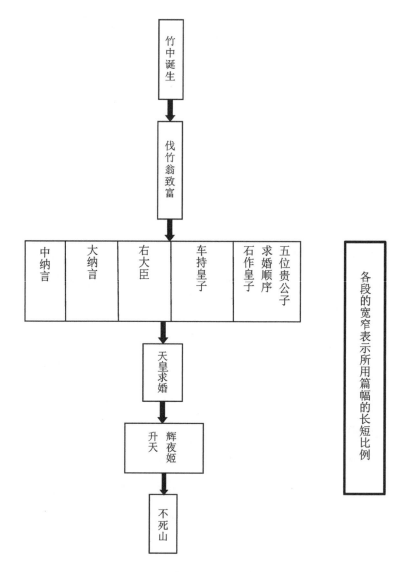

图 2-1 《竹取物语》各部分内容的比例

这是大部分研究《竹取物语》的学者们统一主张并支持的观点，因此无须再具体引用、介绍。但是，被添加的部分究竟具有何种目的及意义，这将成为今后的课题。在此，我将引用两三个包含此问题的代表性言论："……作者以民间传说中的天鹅（仙女妻子）系列故事为主要内容，加入《丹后风土记逸文》中比治山真名井故事而完成的作品乃是《竹取物语》。作者在创作热情高涨后便又插入了五位贵公子的难题求婚情节。"① 柳田国男在《竹取翁》一文中也指出"不变的主线是贵公子为了求婚千方百计地接近辉夜姬，而辉夜姬却始终坚决不应允。"在此框架下展开的详细而风趣的难题求婚情节描写，可以说是《竹取物语》的作者自由发挥的领域。"难题求婚部分正是任由故事讲述者或作者任意发挥想象的自由空间。"② "那么，《竹取物语》作为文学艺术的特征体现在哪里呢？作者的加工润色又体现在哪些方面呢？我能轻松回答此类疑问。作者的加工润色和该物语的文学艺术特征就体现在对难题求婚情节的描写上，即五位贵公子一心想迎娶辉夜姬，最终都以挫败和徒劳而告终。"③ "在以仙女妻子传说为素材创作的《竹取物语》中对五位贵公子难题求婚情节的描写，映射了平安时代的世间百态。也就是说，五位贵公子的难题求婚部分，才是《竹取物语》的作者最巧妙的加工润色之处。"④ "贵公子们的难题求婚情节是由具备学识素养的作家，在书桌前创作出来的作品。"⑤

二、贵公子的名字与难题的组成

学者们或是通过对《竹取物语》的故事结构进行分析，或是通过

---

① 高崎正秀：《民俗学と日本文学研究史》，樱枫社，1931，第41页。
② 柳田国男：《竹取翁》，载《定本柳田国男集》第6卷，筑摩书房，1963，第174页。
③ 同上书，第173-174页。
④ 三谷荣一：《物語史の研究》，有精堂，1967，第100页。
⑤ 同上书，第465页。

与其他同类型故事相比较提出了上述观点。此外，还有学者通过探讨难题求婚情节本身提出了类似观点。三谷荣一认为，作者按照身份和阶级的顺序对贵公子们进行排序，并按照该顺序描写求婚情节。而且，每一个难题的宝物也都与各位贵公子的名字相关联。三谷荣一指出："首先，考验石作皇子的'佛前石钵'，应该是作者从日语将石头加工业者称为'石作'一词而联想到石钵，然后为了增添其厚重感而命名为'佛前石钵'。车持皇子的'车'字与'库'字同音，将宝库中收纳的白银、黄金、白玉般的宝物巧妙叠加，再赋予其厚重感便联想到了以白银为根、黄金为茎、白玉为果实的'蓬莱仙枝'这一难题。石上中纳言的名字根据抄本也被写为矶上中纳言['矶'水边突出的岩石或石滩，形状多像燕子，燕子矶——译者注]，因此石上中纳言要寻找的燕子安产的子安贝和燕子矶的关系也是能让人一目了然的难题。而且，正如作者按照身份顺序描写五位贵公子那样，难题中的宝贝也是按照天竺、蓬莱、唐王朝、日本近海、日本皇宫的顺序出场的。"[①]

关于这些贵公子名字的由来，之后再讨论。先说说与石作皇子等贵公子名字相称的宝物名称是怎么想出来的？三谷荣一指出："佛前石钵来自《佛本行经》《西域记》《南山住持感应传》等典籍，蓬莱山名来自《列子》，火鼠裘来自《搜神记》，龙头明珠来自《庄子》杂篇……这些均出自汉文佛典。因此可以推测作者是位通晓汉日佛典之人，他在书斋中挥洒文笔创作出了《竹取物语》。"[②]

---

① 三谷荣一：《竹取物語の素材と構成》，《国文学解釈と鑑賞》1958 年 2 月号，第 8-9 页。

② 同上书，第 8 页。

让石作皇子寻找佛前石钵，让皇族的车持（又可写作"库持""仓持"，意为富贵——作者注）皇子去摘取传说中象征富贵的蓬莱仙枝，基于当时日本的王公贵族争相购买来自中国的舶来品之史实，让"家财万贯"的右大臣阿倍去寻找当时文献记载的来自中国的火鼠裘，让大伴大纳言去摘取符合武士门第勇猛健壮象征的龙头上的明珠，让石上中纳言到海边岩石中寻找燕子的子安贝……从这些巧妙安排中可以看出贵公子们的名字与难题宝物的对应性。关于这一点，南波浩与三谷荣一的观点大同小异，但是南波浩对于人名与宝物名称设定的先后关系的看法与三谷荣一相反。首先，他认为故事的展开顺序是先设定好了难题宝物，然后再配上与之相符的人名。理由是被认为更好地传承了故事原型的《今昔竹取》中只有难题宝物的名字，完全没有提及寻宝人的名字。其次，南波浩认为，《竹取物语》的作者，在描写难题求婚部分时，可能认为流传至今的难题都平淡无奇，显示不出作者的水平，"于是尽可能地参考现有文献和古老传说，冥思苦想，设定了既具有现实意义又难以完成的难题种类。因此，《竹取物语》中的难题是作者创造出来的新题目。"①

其实，日本学界很早就已经注意到，《竹取物语》中的难题宝物乃是效仿他国史书经典中出现的难以获取的珍宝异器。例如，关于"佛前石钵"，契冲在《河社》中，引用了《西域记》中"释迦牟尼佛的石钵在波斯国王宫"的说法。田中大秀在《伐竹翁物语注解》中，用《水经注》中的"佛钵，青玉也，受三斗许"对石钵进行了解说。另外，关于火鼠裘，契冲在《河社》中描写为"日南比景县有火鼠，取其毛做成

---

① 南波浩：《校注竹取物語·伊勢物語》，朝日新聞社，1958，第166页。

布，用火烧之越发光亮，因此称之为'火浣布'"，还用《搜神记》中与之类似的部分作了注解。

如此例子不胜枚举，在此仅阐述结论，即《竹取物语》的作者在描写难题宝物时，从很多汉文佛经中获得了灵感。关于这些汉文佛经，江户时期精通中国史书和佛经的日本学者们就列举了许多。明治时代以后，也有日本学者不断列举出一些典籍，这些典籍被认定为是《竹取物语》难题宝物的出处。例如，《续博物志》《洞冥记》《汉武故事》《神异经》《水经注》《海内十州记》《齐东夜话》《史记》《三才图会》《西京杂记》《述异记》《酉阳杂俎》《本草纲目》《普曜经》等典籍，其中也混杂有明显错误的书名。书名错误暂且搁置，关于难题宝物的出处大家各执一说，难以决断。此外，关于难题宝物的名称与贵公子们的名字究竟哪个在前，学者们的观点也莫衷一是，这些都让读者感到困惑。

关于占据了《竹取物语》大半篇幅的难题求婚描写，还有学者从各种观点来推测这是作者创作的产物。吉池浩认为"在故事当中，贵公子们从辉夜姬那里领命，直至最后以失败告终，历经了 3 年左右的时间。从各个角度进行考证后，发现如果真正接受了辉夜姬提出的难题的话，不论成败与否，最短都需要三年左右的时间来完成。从这一点来看，作者一定是从一开始就在这样的目标和计算之下进行创作的。"[1] 但是，《竹取物语》究竟是不是在作者周密计算之下完成的作品呢？难题求婚的内容，果真都是依靠作者虚幻的文才和天马行空的想象完成的吗？

---

① 吉池浩：《竹取の翁の年齢と物語の構成》，《国語国文》1956 年 5 月号。

三、五位贵公子的原型是谁？

有众多学者认为难题求婚情节纯属作者在书斋中的创作，该说法的有力证据之一便是出场人物的名字。在《竹取物语》中，除了五位贵公子，还有几个有名有姓的人物。伐竹翁名叫"赞岐造麻吕"，竹中诞生的女童成人后被取名为"嫩竹辉夜姬"，给女孩取名的人叫"斋部秋田"，除此之外还有"工匠""汉部内麻吕""小野房守""王庆"等名字。其中，如"赞岐造麻吕"可能是"赞岐忌部的首领"。以加纳诸平为首的一些学者考证了人名，大多数都认为不管哪个名字均出自作者笔下，是作者假想出来的人名。从这一点来看，五位贵公子的名字本质上也一样。不过关于这五位贵公子，很早便有人提出了其原型真实存在的观点。其中一人，即大伴大纳言是奈良时代真实存在的人物，卒于大宝元年（701年）正月。自田中大秀以来，学者们认为石上麻吕是石上中纳言的原型。他官至右大臣正二品，于养老元年（717年）三月去世。另外，关于右大臣阿倍，田中大秀推断其原型是与石上麻吕、大伴御行几乎同时代的阿倍御主人，尽管《竹取物语》中的右大臣阿倍的名字末尾的假名被认为与其原型阿倍御主人这一名字末尾的假名有些不同，且还存在着许多疑问，但田中大秀的这一推论也得到了大多数人的支持。

这三人的原型，皆是天武、持统两朝时期官场上的活跃人物。即使在《日本书纪》《续日本纪》当中，三人的名字也频繁出现。而且，就连他们的官阶等级在《竹取物语》中，也极其相似。

关于五人中剩下的石作皇子与车持皇子二人的原型，加纳诸平很早就反复进行了详细考证。《日本书纪》《续日本纪》中出现的藤原不比等（藤原镰足的次子）被推定为车持皇子的原型。据《文德实录》的记载，人们对皇子的称呼并非其本名，而是用皇子的乳母的姓氏。据《公卿补任藤原不比等公传》和《帝王编年纪》记载，藤原不比等的母亲出身于车持家族，藤原不比等虽是内大臣藤原镰足的次子，但他的生父是天智天皇，他原本是皇子之身，故用养育他的车持家族的姓氏，被称为车持皇子。加纳诸平推测，即使藤原不比等在当时没被称作车持皇子，但《竹取物语》的作者很有可能留心此事，故在故事中将其描写为车持皇子。

五位贵公子中如果已有四位确定了人物原型，那么剩下的石作皇子就不可能是虚构的人物。加纳诸平认为，在上述引用的《日本书纪》中持统十年这一卷里，排在阿倍御主人等四人前面的多治比真人岛，是石作皇子的原型。其根据在于多治比真人岛原是宣化天皇的曾孙，代代称王。但到了他这一辈后降为臣级，因其父为多治比王任右大臣，所以一开始多治比真人岛承袭了其父王的名字，被称为王。另一方面，据《新撰姓氏录》记载，石作氏同多比氏一样，祖先都是火明命，有亲缘关系。犹如其父多治比王因乳母多比氏被称为多比王，多治比真人岛由乳母石作氏抚养，故而被称为石作皇子。由于多治比真人岛家世显赫，所以在持统四年时，担任了右大臣这一政治要职。《竹取物语》的作者，将石作皇子列为五位贵公子之首，可能也是基于对多治比真人岛地位的考虑。还有，因为多治比真人岛有十市王这位祖父。武田宗俊推断，故事中写到石作皇子将大和国十市郡一个山寺中的煤钵冒充天竺的佛前石钵带回给辉夜姬，这里的"十市"这个地名与其祖父十市王之间大概有些联系①。

---

① 武田宗俊：《竹取物語の成立年代並びに作者に就いて》，《国語と国文学》1951年1月号，第19页。

在《竹取物语》中，有一些实际存在的地名，如播磨明石海岸、筑紫国、难波、骏河国、富士山等，而且这些都是广为人知的地名。其中只有十市这个地方的存在稍显特殊。如果说十市郡的登场有其创作上的必要性，那么武田宗俊的学说便应受到关注，如此一来，石作皇子的原型为多治比真人岛的可能性也会更高。（参照表2-1）

《竹取物语》中人物	历史人物
石作皇子	多治比真人岛
车持皇子	藤原不比等
右大臣阿倍	阿倍御主人
大伴大纳言	大伴御行
石上中纳言	石上麻吕

表2-1 《竹取物语》中人物与历史人物

根据田中大秀、加纳诸平等人的研究，故事中的五位贵公子存在真实原型已成定论，与此同时，也可以确信难题求婚部分属于作者虚构。那么，接下来的问题是：为何要将这些历史上身居政界要职且为名门贵族的人物硬拉进来，并讥笑他们好色、嘲笑他们求婚失败呢？当然，也有人提出反论，指出右大臣阿倍、大伴大纳言、石上中纳言等三人另当别论，石作皇子的原型（多治比真人岛）以及车持皇子的原型（藤原不比等）的依据薄弱，不足以采信。因此，大部分原型批判说的人认为故事的展开顺序是先选定难题宝物再安排相应的人物。与之相反，主张原型说的人则认为故事的展开顺序是先选定人物再安排相应的难题宝物。

总之，这些讨论都与故事的创作意图、作者名称以及作品的创作时期等考证相关联，其探讨也有待进一步深入。

第三节 何时创作？由谁创作？

一、关于创作年代的推测

如前所述，关于《竹取物语》的素材，众说纷纭。关于现行《竹取物语》的创作，其见解也极其复杂多样。首先，关于其创作时期，就有各种不同见解，时间跨度从大同年间至天历前后。之所以各说林立，是因为缺少确定创作年代的决定性文献资料。

有三个推断这部作品创作年代的线索：一是通过故事中公认的历史记事，主要指成为历史考证对象的记事；二是作品中使用的，成为文学史、文章史研究对象的词汇、语法、文体、歌曲技法以及平假名的推广时期等；三是从基本确定了创作年代的《源氏物语》《大和物语》等，以及其他文献中有关《竹取物语》的记事进行推定。其中第一线索是记事，首先是前章提到的原型说，除此之外，故事最后记载了骏河国富士山顶烧毁的不死药一直青烟缭绕。贞观六年（864年）与承平七年（937年）的富士山有火山喷发，还有《古今和歌集》序中记载的"富士山之烟迟迟未散"，都可以考证。火鼠裘段落中，描写了日本与大唐商人王庆的交易，无论怎么看这都是日本进入了平安时代，在承和以后，与大唐商人交易活跃的记述。另外，因承和六年（839年）的《菅原梶成南海漂流传》比较有名，故有人推测难题求婚故事中寻找龙头上明珠的漂流情节，应该是在《菅原梶成南海漂流传》广为流传时期所写的。还有在辉夜姬升天的段落中，将八月十五月圆之夜作为重点描写，但日本自古以来都忌讳观月，认为观月是不吉利的事情。后来举办赏月赋诗宴，是受到了唐朝中秋赏月风俗的影响。如果将《竹取物语》中辉夜姬十五月圆之夜升天的描写与日本接受中国大陆地区文化的史实联系起来看的话，其创作时间应该在贞观之后。另外，辉夜姬升天时将写给天皇的信和不死仙药交给中将，而这位中将是藏人所的官员，由此也可看出这是弘仁元年（810年）三月设置藏人所机构之后的作品。

但是，故事的叙述和史实的关系如同富士山上的青烟抑或是朦胧的月影一般缥缈不定。比如，从"头中将"这段来看，其出场很唐突，之前的叙述是派遣"勅使，少将高野大国"，所以让人觉得这里的"少将"和"头中将"中应该是有一处写错了。上文也反复强调过，现行的《竹取物语》并不是一个作者在一段时期之内一气呵成的作品，应该是经过了多次添加和修改，因此内容上的矛盾不少。可想而知，将细微的语句作为论据来讨论的做法极为不妥。词汇、语法、文体等方面更不是我擅长的领域，而且它们同样都不是用来确定创作时期的决定性因素。在此，我将具体介绍学界关于《竹取物语》创作时期的各种说法，以及针对这些说法的赞成、批判等观点。另外，我将避开不必要的赘述，借用南波浩校注的《竹取物语·伊势物语》中用于解说的表格①，稍作加工之后进行概述。（参照表2-2）

----

① 南波浩：《校註竹取物語·伊勢物語》，朝日新聞社，1960，第9-10页。

年号	年 份	推定年代	学 者
大同	八〇六	大同→延喜年间	田中大秀
弘仁	八一〇	弘仁元年→延喜元年 弘仁二年→弘仁十四年 弘仁二年→延喜年间 同上 弘仁三年以后二、三年间 弘仁三年以后	市古贞次 春山赖母、井上赖文 武田祐吉 手塚升 冈部美二二 藤卷樱邨
承和	八三四 八四七	承和以前 承和以后→延喜年间	加纳诸平 奥津春雄
贞观	八五九 八七六	贞观以前 贞观年中 贞观八年以后 贞观十七年 贞观末年 贞观十一年→天庆三年	入江昌熹 五十岚政雄 西乡信纲 冈一男 五十岚力 神田秀夫
元庆	八七七 八八四	元庆四年以后 贞观→昌泰・延喜年间	原国人 藤冈作太郎
昌泰	八九八 九〇〇	贞观→延喜五年～九年 《古今和歌集》(延喜五年编撰)以前	南波浩 狛毛吕成
延喜	九〇一 九二二	《古今和歌集》编撰前后 延喜以前 同上(现存本是镰仓中期后改编本) 延喜以后	三谷荣一 橘纯一 中田刚直 本居宣长
天庆	九三八 九四六	延喜以后→天庆前后	长谷章久
天历	九四七 九五六	天庆前后	武田宗俊

表 2-2

从上表可知，时间跨度长达近 1 个半世纪，这无疑说明了确定《竹取物语》创作年代的难度。集中那些积极提出依据并进行论证的各家意见来看，可以大致确定创作时期为贞观到延喜之间（9 世纪末到 10 世纪初），但即便如此，也跨越了五六十年的时间。

二、作者是谁？

找不到确定《竹取物语》创作年代的证据，就意味着对于作者姓甚名谁的推断则愈加困难。但是，学界结合对创作时期的推断，提出了以下各种猜测。

源顺（911 年－983 年）

小山伯凤认为"按照古人的说法应该是源顺之作"，但是其根据不足，因为从上文推测的创作年代与历史上源顺生活的时代不符。武田宗俊等人也支持源顺说。

源融（822 年－895 年）

五十岚政雄、吉川理吉等人认为，《竹取物语》的创作目的并不是以五位贵公子求婚失败为消遣，而是借此表达人们心中的愤慨。从此观点来看，因愤恨藤原不比等的专横而写下《竹取物语》的人非源融莫属。但这也只是直观推断，缺乏实证。

僧正遍昭（816 年－890 年）

冈一男等人认为从文体及叙述内容来看，可推测作者为精通中日佛典的博学僧侣僧正遍昭，这是从文中和歌的曲调，以及洒脱明朗的风格得到的推断。但这种说法也缺乏确凿的证据。

反天武帝一派的人物

三谷荣一等人认为，被推定为五位贵公子原型的人物，是壬申之乱的功臣，而且在《壬申纪》中未曾出现过其姓名。《竹取物语》的作者用这种隐晦的方式，以壬申之乱为契机，把天武帝一派出世的名门望族写到作品中，描写其惨遭挫败，以此戏弄他们，这一点是显而易见的。"藤原不比等用巧妙的方式为其家族奠定了基础，在《竹取物语》中，藤原不比等被描写为'心怀鬼胎'的车持皇子，在五位贵公子中被丑化成行为最恶劣、最擅长欺诈之人。由此推断作者对藤原不比等等人抱有不满，作者应该是与大和国有深厚关系的僧侣阶层或学者"，也就是说，是弘文帝（天智帝的皇子）一派的子孙或学者，即是弘文帝的子孙或有关联的文人。

也有人认为，与其说作者带有多少政治意识，做了多少历史考证，不如说作者是一个文学爱好者，所以部分学者并不太重视对人物原型的考证。

贺茂峰雄（贞观时期）

原国人认为贺茂氏的祖先亲自参与了壬申之乱。贺茂家族与大和的大三轮神社的关系紧密。在故事中，给辉夜姬取名的三室户斋部秋田被称为"三轮山神职秋田"（南波浩），由此可看出《竹取物语》的作者与贺茂家族关系紧密。峰雄曾被任命为相模权介及上野权介，所以他应当看到过富士山。峰雄生活的时代正值天下战乱，而且还发生了皇室血统变更事件，可以想象，当时的文人在回忆起二百多年前的壬申之乱时依然产生强烈的危机感。可是，《竹取物语》能否被看作是政治意识的产物呢？

斋部家族的人物

塚原铁雄等人认为在壬申之乱后各家族更名换姓之际，与地位稳固的中臣氏相比，斋部氏的阶位有所降低，于是斋部氏抱怨不公平，对当时的有权有势者心怀反感。伐竹翁的名字"赞岐造麻吕"也是赞岐的斋部氏，除此之外，给辉夜姬起名的斋部秋田好像也是与斋部氏相关之人，被设定为故事中的重要角色。与之相反，作为皇帝的勒使到访伐竹翁家，在与辉夜姬交涉时失了面子的内侍为中臣氏。这样的人物设定也从侧面支撑了该观点。

但是，伐竹翁的名字是"さぬきのみやつこ"的说法也只在《群书类丛》[日本古代至江户时代初期的日本古书之集大成。编者为塙保己一及其子孙和弟子。正编将 1270 种文献编为 530 卷，续编将 2103 种文献编为 1150 卷——译者注] 中出现过，在其他的二十多个版本中叫做"さるき""さかき"。同样，关于"三室户斋部秋田"（みむろどのいむべのあきた）在古籍中的表述是没有"いむべ"这几个字的，因此斋部氏的说法还有待商讨。

除此而外，还有纪长谷雄等人的看法略显不同。

第四节 汉文版本先行说

一、原著是汉文

既然不可能具体确定《竹取物语》的作者与创作年代，那么即使对作者意图或者写作动机进行各种探讨，归根结底也不过是臆测罢了。因此，虽说在故事的出场人物中，有藤原不比等、大伴御行等活跃于历史上的人物原型，并让其在作品中扮演讽刺诙谐的角色，但将其强调为作者的写作意图，将其看作是愚弄，或是泄愤，或是抵抗精神的产物，却未免显得过于夸大。假定上述原型推定没有问题的话，可以试着将大伴御行（701 年没）、石上麻吕（717 年没）、藤原不比等（720 年没）的活跃期与现行的《竹取物语》的创作时期相比较。若将创作年代假定于贞观前后，那么以上原型是一百多年前的人物，若将创作年代假定于延喜前后，那么以上原型便是二百年前的人物。这便产生一个疑问，为何要将一百多年前或二百年前的人物放到作品里呢？于是，如刚才列举的，主张贺茂峰雄为作者的原国人指出"在遭逢历史性事件之时，过去的事件（壬申之乱）会立刻栩栩如生地浮现在脑海中"[1]，但也不能以此为论据。虽说这对于现代文学家而言司空见惯，但我们很难想象日本物语文学先驱能否大胆尝试把一百五十年前、二百年前实际存在的人

---

① 原国人：《竹取物語の成立について》，《国学院雑誌》1972 年 72 卷 6 号，第 28-40 页。

物作为原型。

在此，又想到了先前提到的加纳诸平、土肥经平之后的汉文或是变体汉文版原竹取物语存在说。这种形式的原竹取物语（以下称为汉文原作）的出现时期，虽然被加纳诸平推断为文武帝时期至大宝年间（697—703 年）这么一个跨度很短的时期，但是，汉文原作说无非是因为原作中夹杂了一些古词而已，并无其他确凿的证据。不过，通过后来各种角度的考证，汉文原作说的可能性越来越大。

紫式部将《竹取物语》评价为"物语鼻祖"，但是，南波浩反对把它看作迄今为止（单纯从年代来看）最古老的物语。南波浩认为，单从物语本身来看，之前的《古事记》《日本书纪》《风土记》《万叶集》中也都有这样的物语。但是这些物语都类似于传说故事、奇闻逸事，并非紫式部说的"物语"。她所说的"物语"包含以下内容。

其一，具备现实性的内容与形式，即新文艺小说类。

其二，用假名书写（紫式部的物语概念中，应该不包含汉文体物语[1]）。

如果将现行的《竹取物语》与《古事记》《日本书纪》中收录的汉文体或者变体汉文体"柘枝传""浦岛子传"等相比较的话，它确实是一部出类拔萃的作品。但是以民间传说级别的内容为素材，突然成就出如此出色的文学作品，在当时看来很难想象。诸如此类的评价，因为没有客观根据，难以令人信服，但这是直觉，不能置之不理。如此看来，应该以一种更为宽容柔和的态度来看待民间传说与现行的《竹取物语》之间的关系。只要关注这些推理以及在日本自古以来就存在夹杂

---

[1]　南波浩：《竹取物语成立考》，《国语国文》1931 年 6 卷 5 号，第 1-37 页。

汉文的各种民间故事的事实，便不难推导出存在《竹取物语》汉文原作可能性的结论。

二、汉文原作说的依据

部分学者也持上述观点。武田祐吉指出："第一版用平假名书写的《竹取物语》即便不是最初的原型，但是作为最早的作品，如果没有受到先前汉文故事的影响，同样不可能诞生。尽管只是一部分，文中也展现了当时都城的样貌，从人名、地名及其他方面可以看出，主要是以奈良为其历史舞台。然而，使用平假名书写的这位作者，似乎忘却了奈良时代这个背景，这也说明了关于该物语故事，在平假名作品诞生之前，应该存在汉文原作。"①

五位贵公子之一的大伴大纳言的原型大伴御行的子孙大伴宿祢，因避讳清和天皇之名，改名为伴宿祢一事，在《类聚国史》天皇避讳中早有记载。与之相关联，春山赖母、井上赖文在《竹取物语新释》中写道："弘仁十四年四月，因避天皇名讳，将大伴改为伴，《竹取物语》中如果使用的大伴这一名字的话，应为避清和天皇名讳之前的作品……"

南波浩认为，现存的《竹取物语》中使用"大伴"二字，从弘仁十四年以后严格执行天皇姓名避讳条例这一事实来看，也许说明在此之前就已经存在汉文原作了。换言之，在大伴避讳令颁布之前，用真名［汉字，相较于假名而言，日语中将只表音不表意的汉字称为真名——译者注］书写的《竹取物语》就已经存在，其后被改写为现存的平假名

---

① 武田祐吉：《校註竹取物語》，明治書院，1930，第 104 页。

版物语，"大伴"这个贵公子名字就被沿袭使用下来了。假如现行的平假名版《竹取物语》，完全是当时直接创作的话，那么使用避讳令中的大伴之名的可能性极小①。

汉文原作存在说，近年来也得到了词汇、语法等研究领域的文章的支持。筑岛裕、三谷荣一等各家的研究成果如下。

1. 三谷荣一、筑岛裕认为："通过对现有《竹取物语》版本进行检索，可以发现其使用了近 100 个汉语词。在数量上，与其他文献相比，数量虽不算多，但是，'世界''变化''天竺''賓頭盧''優曇華''大願''長者''琉璃''紺青''五色''功德'等外来汉语词汇很显眼，另外，还有'案ず''対面す''具す'等动词，'優に''猛に'等副词。这些词汇从在当时的行文用词来看多少显得不自然。"②

2. 筑岛裕指出"'八千里''五百日'等汉语数词较多。"

3. 三谷荣一认为："敬语的用法极不平衡。关于敬语，其出现频率越到后段越高。后段使用的敬语不仅种类丰富，而且用法复杂，这也许是平安中期或是后世的添加。由此可以推想《竹取物语》原来也许不曾使用敬语。从这点来看汉文原作说也可成立。"③

4. 筑岛裕、三谷荣一指出："物语文章相当长。这应该是将汉文体训读的结果。实际上，文中汉文训读中较多。"筑岛裕进一步指出"如'思ひのごとくも''そもそもいかやうなる……''しかれどももし天竺に……''夜を昼になして取らしめ給ふ'等都是汉文训读才用的语句。"④

---

① 南波浩：《竹取物语成立考》，《国語国文》1931 年 6 卷 5 号，第 25 页。
② 築島裕：《竹取物語文体小論》，《国文学解釈と鑑賞》1956 年 2 月号，第 35-41 页。
③ 三谷栄一：《物語文学史論》，有精堂，1952，第 427-428 页。
④ 三谷栄一：《物語史の研究》，有精堂，1967，第 157 页。

　　三谷荣一也明确了"'或は笛を吹き、或は歌をうたひ、或は唱歌をし、或はうそを吹き……'、'かぐや姫はいはく……といふ'等表达，都与汉文的'或''曰'等表达相通。"

　　但是，《竹取物语》中的"蒔絵""塗籠"和之前提到过的"頭中将"等词语，或是"くれ竹の"之类的枕词，显而易见都是至平安时期才出现的词语。当然，这些也可以看作是改为假名版本时或是抄写时的篡改、添笔的结果。但是在火鼠裘段落中与大唐商人交易部分的描写，怎样看都不像是后人篡改或添笔的结果。如果这反映出日本进入平安时代，尤其是承和之后唐日贸易活跃之世态的话，即使肯定了汉文原作的存在，也如塚原铁雄在《新修竹取物语别记》中所说的那样，现行的《竹取物语》并不是汉文原作的照搬式翻译。而应该是在改为假名版本的过程中，进行了可称得上是改编的、相当自由的改写。

三、"嫩竹的辉夜姬"的诞生

　　我们大致可以做如下推测，汉文或变体汉文原作的形成过程以天鹅处女型民间传说为素材，并在其中编入了大宝时期前后有名的历史人物。之后，汉文原作被改编为汉字与假名混杂的作品，在之后的抄写中，又在一定程度上进行了修改、添笔，最终形成了现在的《竹取物语》。由于《竹取物语》可能经历了这样的创作过程，所以学者们在推断其创作年代上，产生了较大的分歧。他们的分歧在于究竟是重视物语中的古老元素，还是强调新元素。关于创作时期，估计学者们今后也很难达成一致意见。但是在大方向上，现代研究《竹取物语》的学者们意见基本一致，且今后会愈加一致。回顾《竹取物语》的研究历史，可以说，这样的趋势，是以江户时代先学们的研究为基础，导入了近年来的民俗学研究法，从而形成的大方向。

关于《竹取物语》的创作，我将从学者们基本达成一致的意见中，引用有代表性的两三个进行确认。"《竹取物语》的素材，同比治真名井的故事、伊香小江的故事、瑶曲'羽衣'的故事以及现在在日本各地流传的仙鹤妻等民间故事一样，属于同类型故事。如果缩小范围，仅从堪称为竹中诞生传说的文献来看，姑且不论《万叶集》第十六卷的长歌，即便在《今昔物语集》第三十一卷、《海道记》及其他文献中，也都包含了一些异传，其数量也不少。正如柳田国男指出的'这些异传中竹翁和黄莺的关系，与吞鸟爷故事之间也存在有趣关联'一样，由此可见……硬要在佛典、汉籍中去寻找《竹取物语》的素材，未必有意义。不过，这些竹中诞生传说的存在，与《竹取物语》这部作品的创作，是两回事。竹中诞生传说终究止步于素材，在此基础上设计了五位贵公子及其他出场人物（就连他们的姓名该怎样取，都体现了作者的创作意图），再加上详细的求婚故事，这才形成了伐竹翁故事。不如说，到了这个阶段才可以去考虑佛典、汉籍的影响。"[1]

综上所述，"《竹取物语》的素材应该是以日本原有的故事为基础。"[2]但是，"现存的《竹取物语》绝不仅是日本流传下来的传说故事。一定是某人的创作。"[3]而且，关于从汉文原作到现行《竹取物语》的形成时期及其过程，"……可以推断假名版本的《竹取物语》的创作时间应该在贞观

---

[1] 阪倉篤義：《校订竹取物語解説》，岩波書店，1957，第6-7页。

[2] 三谷栄一：《竹取物語の素材と構成》，《国文学解釈と鑑賞》1958年2月号，第2页。

[3] 三谷栄一：《物語文学史論》，有精堂，1952，第443页。

后半期至延喜前半期之间。其创作体系如下所示"（参照图 2-2）①。

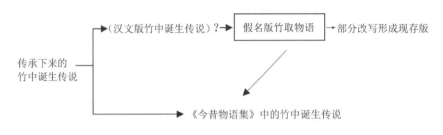

图 2-2 《竹取物语》的创作体系

以上是迄今为止，关于《竹取物语》的素材及创作的大致见解。

在本书的开头，提到关于《竹取物语》主人公辉夜姬的诞生有两个说法值得一提。柳田派认为羽衣传说的出现就意味着辉夜姬的诞生，而南波浩的观点如上图所示，辉夜姬的诞生始于日本传承的竹中诞生传说，这是一个非常模糊且遥远的时期。在此，这两个说法都先搁置一旁。辉夜姬的诞生，归根结底，是在汉文原作形成之时。汉文原作后来被改写，才形成今天我们看到的假名版本的《竹取物语》。因此，当假名版本的《竹取物语》形成之时，辉夜姬作为"嫩竹辉夜姬"获得新生。那么接下来的问题是：汉文原作到底是由谁？由哪个国家的人创作的呢？辉夜姬最初的出生地究竟在哪里呢？

---

① 南波浩：《校註竹取物語解説》，朝日新聞社，1953，第 17 页。

第三章
东亚地区的竹中诞生传说

第一节 东南亚地区的竹中诞生传说

一、贝币传说

1964 年夏末，我到南太平洋所罗门群岛的一座孤岛上，听闻了一些趣事。这是一个叫辛博岛的离岛，大约半世纪前，W. H. R. Rivers 在此地开展了实地调查并撰写报告。我在岛上部落中看到了一个家族珍藏的，用巨人贝打磨而成的漂亮的贝币，而且我还听到了关于这种贝币的传说。概要如下。

很久以前，这座岛上住着女酋长卡马利和她的女儿卡马巴奇亚。一天，卡马利听到屋外有竹子裂开的声音，于是和女儿跑出去一看究竟，结果看到裂开的竹子中有个女婴在哭泣。母女俩立即抱起女婴去海边给她洗澡。此时，突然天降暴雨，于是给女婴取名为雷萨娜，意为雨水。同时，卡马利吩咐女儿去取雨衣来（露兜树的叶子制成的雨衣）。卡马巴奇亚急忙赶回家想要取雨衣，却发现雨衣中出现了一枚从未见过的巨大贝币。

竹中女婴雷萨娜在酋长母女二人的抚育下，长成一个亭亭玉立的少女。那时，辛博岛的男人们正与别的岛屿交战。这片海域最强的卢比阿纳的岛民与辛博岛民结成了同盟，所以卢比阿纳的勇士们经常会到辛博岛来。其中有个叫作雷培的优秀青年对雷萨娜一见钟情，于是将她带回了自己的岛屿，做了他的妻子。

　　那枚在雨衣中发现的贝币，给女酋长家带来了好运，后来被当作传家宝一代一代传承下来。我们调查的这个家族是女酋长的子孙，所以到现在还珍藏着那种贝币。①

这枚极其罕见的贝币，外径约十三厘米，上面装饰着两尊背对背蹲着的神像。

这个传说也可称为所罗门的竹中诞生传说，主要讲述了竹中出现的女童给养育她的家庭带来了幸运，后来她嫁给意中人过着幸福的生活。不过这个故事中养育她的人都是女性，而且没有难题和升天情节。虽然这个故事被所罗门的风土同化，成为当地传说。但是不难看出，在结构上该传说与日本的《竹取物语》明显属于同一类型传说。

在所罗门的孤岛上流传着与日本最古老的物语文学类似的竹中诞生传说，并不令人惊奇。在长满郁郁葱葱竹林的南海群岛上，流传关于竹子的传说也并不奇怪。可以想象从亚洲大陆或东南亚岛屿流传到太平洋诸岛的古老文化中，就包含了此类传说。

从竹中或是甘蔗等植物的根茎中出现女童的传说，在所罗门群岛之外，即北方的新不列颠岛、新几内亚的弗恩岛上也有流传。在印度尼西亚东部也有许多类似传说。如松本信广所说，在东亚、东南亚大陆及各岛屿上，甚至有许多从葫芦、南瓜等植物，还有从竹类、鸟蛋中诞生出人类祖先的神话传说②。而且，这些传说可能早在奥亚语系广泛传播前的古老种植民文化中已然产生。

---

① 伊藤清司、近森正：《英領ソロモン諸島における民族学的考古学的调查略報》，岩波書店，1967，第110-112页。
② 松本信广：《竹中生誕譚の源流》，誠文堂新光社，1968，第157-200页。

二、竹中诞生的系谱

对于辉夜姬究竟是从竹中诞生还是从黄莺卵中诞生的问题，柳田国男比较倾向于后者。

关敬吾的观点是："从日本的文化背景来看，在竹林或丛林筑巢的黄莺，与伐竹为生的伐竹翁有关联，但是，孩童究竟是从植物中诞生还是从鸟蛋中诞生，这在信仰上未必一致。"[①]

人类从竹中或其他植物中诞生的传说，真属于植物图腾的印迹吗？还是如 Jean Przyluski 所说，产生于植物信仰？这些都是争论的焦点。关于《竹取物语》的创作或是其素材问题，在对日本周边地区的资料进行大规模搜索时，柳田国男指出，相较于竹中诞生传说，卵中诞生传说在东亚地区的接受程度更高。但是，关敬吾认为按照常理来说应该关注从竹子或其他类似植物中诞生孩童的传说。因此，我们有必要将视线转移到东亚各地的此类传说上。

1. 马来半岛上曼坦拉琴族的传说

一个名叫卡提布·马里姆·塞鲁曼的男子，某日遇到一位美丽的公主，便追随公主来到山里，之后公主却不见了踪影，卡提布便在竹子下睡着了。半夜，公主突然出现，为他准备了饭菜，然后趁着拂晓他还未醒来时，又消失了。不久，卡提布在公主的启示下，砍掉旁边的巨竹，拼命搜寻公主的下落。但

---

① 関敬吾：《昔話の歴史》，至文堂，1966，第234页。

是无论用刀还是用斧头都砍不倒这根竹子。最后还是用割槟榔的割刀，从竹子的顶部用楔子纵向劈开，终于在竹筒中找到了公主。再也不会消失的公主和卡提布骑在马上，在众多护卫的守护下，一起来到王城。但是不久公主与卡提布便消失得无影无踪。从此以后，当地人有时能远远看到盛装打扮的骑马人，人们相信如果对着他们许愿，一切愿望都能实现。①

2. 马来半岛的塞芒族传说

一位叫作纳阔达卡西姆的高官被流放到了马来半岛的塞芒村，与酋长的女儿成婚。但是二人一直没有孩子。一天，他的妻子在河边沐浴时，发现一只竹筏载着一个女婴顺流而下，于是将女婴抱回家抚养。同时，有个叫托西侗的人养了一条狗，每天都在同一时间对着夕阳吠叫。主人将狗的锁链一解开，狗便迅速跑进竹林，围着竹子来回叫唤。托西侗深感不解，便用小刀将其中一根竹子劈开，发现竹中有一男婴。后来，这个男孩与在竹筏上捡到的纳阔达卡西姆的养女结为夫妻，他们的后代成为霹雳州的王族……②

① Walter William Skeat，Charles Otto Blagden《*Pagan Races of the Malay Peninsula*》（Cardine: Nabu Press，1923）.

② Walter William Skeat，Charles Otto Blagden《*Pagan Races of the Malay Peninsula*》（Cardine: Nabu Press，1923）.

3. 苏门答腊岛八昔王史的传说

在阿迈德（地名）有两位名叫默哈迈德的王族兄弟，王弟为了建造都城，率领士兵开拓森林及竹丛。森林中有一种被称作贝顿的粗壮竹丛，王弟在其中发现了一种外形奇异的竹笋，切开一看，发现里面有一个美丽的女孩。于是给这个女孩取名为贝顿（竹）公主，与王妃一起将她抚养长大，对她宠爱有加。另一方面，王兄在森林中遇见了一位奇怪的老人，老人告诉他如果想要孩子的话，就在这里等待。不久，出现了一头巨象，头上坐着一个男孩，巨象来此沐浴。王兄集结军队，趁巨象沐浴之际夺走男孩，并赶走了巨象。男童被取名为马拉加勒（加勒意为"大象"）。多年后竹公主和象太子都已长大，二人结为夫妻，并生育了两个孩子。有一天，丈夫偶然发现妻子的头顶有根金色头发，便想把它拔下来。却遭到了妻子的拒绝，妻子说如果拔了这根头发会给他们夫妻带来不幸。有一天，丈夫在好奇心的驱使下趁妻子熟睡时，拔下了这根头发。于是，从那个毛孔不断流出白色血液，妻子竹公主随即死去……。

4. 菲律宾的苏禄族传说

远古时期，尘埃凝固，汇聚成了一座岛屿——霍洛岛。当时人类还未出现。一天，有只大鸟飞到霍洛岛，产下一卵。当时，中国的一位贵人带着女儿，乘船来到岛上。但是，女儿却被恶魔掳走，关进了岛上南边竹林里一根竹子的竹节中。不久巨鸟产下的卵孵化，从中生出一个男孩。男孩逐渐长大成人，没有伴侣，孤独地生活。有一天，大鸟再次飞来，把一把腰刀交给男子作为纪念，并陪他来到岛的南边，命他用那把刀劈开一根大竹。男子依言行事，发现了被恶魔关在里面的女子。后来，二人结为夫妻，成为苏禄王族的祖先。①

5.菲律宾的他加禄族传说

两根竹子漂至海岸。一只海鸟用嘴啄开竹子，竹中出现了一个男子和一个女子。这二人便是人类的祖先（迪克逊，《大洋洲神话》）。

6.密克罗尼西亚·帕劳岛民的传说

登上天界的三名男子想要返回故乡。神将三人放于巨大竹节中，扔到地上。竹子掉落到加罗林岛海域。村里的男子刚想用斧子劈开这根漂来的竹子，就听到竹筒里传来声音。于是轻轻劈开，竹中出现三名男子，后来成为村中的长老。被劈开的竹子散落在地，这些地方后来又长出许多新竹。②

---

① 松本信广：《竹中生誕譚の源流》，誠文堂新光社，1968。
② 土方久功：《パラオの神話伝説》，大和書店，1942。

7. 中国台湾卑南族卑南社的传说

远古时期，有一位来自地下的神人，他将一根竹子插入大地。不久，从竹子上端的竹节中诞生出帕谷马来（男），又从下一根竹节中诞生了帕谷缪璐（女），两人结为夫妻。①

此外，排湾族、泰雅族等中国台湾土著民之中，还流传着许多人类祖先从竹中诞生的传说。众所周知，该类型的传说遍布于东南亚地区。

第二节　关于"竹"的传说

一、竹王与仙翁

在中国大陆地区，自古以来就有许多人类诞生于植物的传说。例如，《吕氏春秋·本味篇》中，传说在很久以前，有侁国的一位女子去采桑叶，在一棵空心的老桑树中发现一名婴儿，这便是所谓的伊尹生空桑的古老传说。从该传说到《太平广记》第82卷记载的隋文帝时期梵志诞生于苹果树干上的树瘤，后来被王德祖抚养成人的故事，以及孟

---

① 佐山融吉、大西吉寿：《生蕃伝说集》，杉田重蔵书店，1923。

姜女诞生于葫芦、冬瓜、南瓜，范喜良诞生于瓜中等民间传说[①]，这一系列传说不计其数。但是，其中最有名的还是《后汉书·南蛮传》的夜郎古国一卷和《华阳国志》中的竹王传说，这些传说叙述了从竹中诞生的人物最终成了人类的始祖。而且，从竹的生长离不开水这点来看，中国大陆地区的竹王传说与上述马来半岛、菲律宾、密克罗尼西亚·帕劳岛民的传说都有共通要素，它们都体现了古老传说的样貌。

竹中诞生传说在广西壮族自治区的彝族聚居地中也有流传。在刘锡蕃的《岭表纪蛮》中记述彝族有一个习俗，即在祭祀祖先的神龛上，并排放置一长一短两块竹片代表神公神母二神。其传说由来大意是过去某地竹林茂盛，竹中藏有许多人马和弓箭。竹子长大后，竹中兵马想要破竹而出，夺取天下。但是，皇帝从旁经过时，恰巧马车的车辕折断了，于是意欲砍伐竹子来代替。竹中人马知晓此事后，惊慌骚乱。皇帝闻之大惊，放火烧光了这片竹林，竹中人马全部灭绝，唯其首领乘烟升空。因此，彝族人民将竹片供奉于祠堂中，早晚祭拜。

竹中诞生传说不仅流传于中国西南少数民族地区，也流传于六朝时期的汉族人民之间。六朝时期的刘敬叔编撰的《异苑》中记载了"建安有笯筜竹，节中有人，长尺许，头足皆具。"建安是福建的古郡名，从六朝时期汉族迁往江南的历史来看，小童诞生于巨竹的传说是否属于汉族原有传说的问题还有待考证。时代变迁，唐朝牛僧孺的《幽怪录》中记载陕西境内生长着一种叫大夫竹的巨竹，其直径有三尺之粗，伐竹时偶然发现里面有两位仙翁，仙翁随后升天。宋代的黄庭坚在读了这个故事后，认为它与橘中叟的故事非常相似，这在《群书札记》中有记载。

---

① 白占友：《孟姜女的故事考》，天津大公报社，1935。

《幽怪录》中的老翁，因其幽静的暂居之处被骚扰而升天，这大概因为他们本是神仙。然而，这一部分的描写与仙女辉夜姬升天的情节有相通之处，因此让人觉得饶有趣味。另外，黄庭坚谈到的橘中叟的故事，大意是很久以前四川某户人家的庭院里，有棵很大的橘子树生长茂盛，其果实中有两位眉发雪白的老人。橘中叟的故事也是植物生人类型的故事，而且一直流传至今。如果翻阅近代以前的历史、文学书籍，相信还能找到很多。因此，在中国大陆地区，卵生传说和竹生传说究竟孰多孰少，还很难断定。

二、竹林求子

在此，作为与竹中诞生传说有重要关联的资料，我们可以关注一下唐代短篇小说《李娃传》，作者是白居易的弟弟白行简。常州长官荥阳公的儿子赴长安参加科举考试时，对长安一位美貌妓女李娃一见钟情，最终与李娃结为连理。故事主要讲述了李娃的贞节故事。文中有个场景是李娃对其夫说："与郎相知一年，尚无孕嗣。常闻竹林神者，报应如响，将至荐醑求之，可乎？"于是夫妇二人一起去竹林祭拜。虽然仅仅凭借该故事，我们不能全面了解当时都城长安祈求子嗣的竹林神信仰。然而，《李娃传》虽说是文人写的小说，但正如郭立诚在《中国生育礼俗考》[①]所说的一样，从中可以看出向竹林求子的习俗在当时极为普及。该习俗与竹中诞生传说究竟有多少关联，现阶段还不好推测，但不能说二者之间毫无联系。

---

① 郭立诚：《中国生育礼俗考》，文史哲出版社，1979，第40页。

三、关于竹子的古老传说

目前，生长于日本的竹子有说是五属六十四种的，也有说是十二属百余种的。但是在日本古代，有名字的竹类不过是中国产的淡竹、苦竹等。在中国及东南亚地区的竹中诞生传说中出现的类似于孟宗竹的巨竹，是在元文年间才进口到鹿儿岛的品种。另一种说法则认为这种竹子是由山城宇治黄檗山的某位禅师从中国带回来的（白井光太郎：《植物渡来考》）。当然，还有在伊奘诺尊的神话中，伊奘诺尊前往黄泉国找到妻子后逃跑时，往追赶的恶鬼身上扔出去的笼子，变成了竹笋（《古事记》）；再如彦火火出见尊出生时，用一把竹刀剪断脐带，竹刀丢弃之处变成了一片竹林的传说（《日本书纪》）；还有因为一个女子拔笋食用的故事而产生的地名起源传说等（《播磨国风土记》）。正因为有这些关于竹子的古老传说，才让我们认为竹中诞生传说从很早以前便流传于日本各岛。但是，竹文化在古代日本究竟有多普及，还有待研究。如果抛开《竹取物语》《今昔物语集》的伐竹翁故事不论，其实不难发现，日本的竹中诞生传说分外少见。因此，柳田国男才主张辉夜姬诞生于鸟蛋的说法。人类诞生于竹中之类的传说，难道不更常见于巨竹茂盛之地吗？因此，竹中诞生传说多流传于东南亚地区，这个推论更具可能性。

自古以来，在中国，竹子被广泛使用。不仅用于日常生活，还用于礼乐射御书数等高级的文化生活中，中国可谓名副其实的"竹之王国"。在被称为竹之百科全书的晋朝戴凯之的《竹谱》中写道"九河育鲜，五岭实繁"。但是竹子很少分布在黄河下游的泛滥平原 [河流在洪水期溢出河床后堆积而成的平原——译者注]，而多分布在中游的渭水盆地（西周文化中心——作者注）、太行山脉与黄河包围的河内地区（殷商的王都——作者注）、以及泰山周边地区（齐鲁文化圣地——作者注），正是这些多产竹子的地区，才孕育了历史悠久的中国竹文化[①]。但是，如果将华北地区的竹子与华中、华南地区的竹子相比较，正如《竹谱》中所说，二者并无可比性。高温多雨的江南与岭南地区适合竹子生长，所以南方人的生活与竹子密切相关。正如苏东坡的《记岭南竹》所描述："食者竹笋，庇者竹瓦，载者竹筏，爨者竹薪，衣者竹皮，书者竹纸，履者竹鞋，真可谓一日不可无此君也耶。"。正因如此，江南和华南地区，与竹相关的传说很多，竹中诞生传说在长江以南地区广为流传也就不足为奇。由此可以推测，从东南亚到中国南部，在竹子的主要生长地区，竹中诞生传说自然很多，继而再传播到周边各地。因此，在中国和日本流传的此类传说，很有可能是通过这样的途径进行二次传播的结果。

第三节 中国大陆地区的难题传说

一、"黑亮的铁块"

如前所述，难题求婚故事分为两种类型。其中一种是难题择婿型，作为结婚的条件，女方或是其双亲向求婚的男方提出难题，让他解决。这个难题原本是用来考验男方的胆识、耐力和智慧的，但在故事中，难

---

① 森鹿三：《竹と中国古代文化》，東洋史研究会，1970，第 1-33 页。

题逐步升级，增添了故事的趣味性，最终形成用寻常方法或普通智慧解决不了的名副其实的难题。辉夜姬向贵公子们提出的难题属于这种性质。此类故事的难题一般有三个，或者解决难题的有三人，第三个问题最为重要。根据难题的解决方法，故事分为两种。一种是男方顺利解决难题，达成目的，具备婚配资格的成功型；另一种是女方通过提出难题，拒绝不喜欢的求婚者。

中国也有许多此类难题择婿故事。以下"一块黑铁选对象"的安徽民间传说便是成功型难题择婿故事的例子。

很久以前，在大山里有一位乡间少见的美丽姑娘与母亲二人一起生活。姑娘刺绣、歌舞无所不会，在村里很受欢迎，当然，登门求亲的男子也络绎不绝，但女子一概不应允。姑娘满二十岁那天，母亲对她说："男大当婚女大当嫁。这是你父亲去世前留下的传家宝，说是将来交给女婿……"说完便拿出了一块又黑又亮的铁块。女子接过铁块挂在门头上，说："想要娶我的人必须唱一首关于这个铁块的山歌（一种即兴歌）。如果唱得好我就嫁给他，如果唱得不好就用石头扔他。"男子们听闻后欣喜若狂，争先恐后地赶来唱歌。最先到来的是地主儿子，他骑着马，抬头看到铁块后唱道："一块黑铁锃锃亮，打成锁头锁粮仓。多多买进肥田来，粮满库来米满仓。"话音刚落，一块石头飞过来，接着一锅涮锅水倾盆而下。地主儿子大惊失色，捂着嘴仓皇而逃。

第二天，富商儿子前来唱道："一块黑铁亮光光，打成秤砣好称量，买卖皆能遂我意，修房建屋迎娶你。"刚一唱完，石块和涮锅水便从天而降，富商儿子也落荒而逃。

最后来了一位壮实的后生，他大声唱道："一块黑铁亮堂堂，打成锄镰割麦忙。锄头刨地翻土动，镰刀割麦沙沙响。"

后生才刚唱完，楼上就传来了优美的歌声："一块黑铁亮堂堂，打成锄镰割麦忙。哥锄地来妹割麦，共同劳作影成双。"于是二人喜结连理（《一桶饭乾》[①]）

同样的传说也流传于广西壮族自治区。梗概是妙龄女子用父亲遗留的铁块为题，让男子即兴唱歌，根据唱歌的好坏选择夫婿。不过，广西壮族自治区的传说中求婚者增加为四人。第一位是富人，第二位是商人，第三位是读书人，即是文人商贾之辈。他们三人都以失败告终。最后出场的是一位普通年轻人，他的求婚获得了成功，与女子结为夫妻。[②]

虽然不知道为何这些传说中都有黑铁块，而且以此为题即兴唱山歌，但是，这应该与选妻择夫时的对歌习俗有关联。此外，无论是地主、富豪、商人抑或是读书人都以失败告终，最后求娶成功的是身强体壮的农民。这类故事的有趣之处在于无论拥有多少权力和金钱，都未必能轻而易举地娶到女子。另外，追根溯源，可以看出此类故事还暗示了女子的神圣性，以及老实憨厚之人往往能受到上天眷顾的朴素思想。

二、八月十五的定亲礼

"一女许三郎""一女配三婿"等民间故事，也是成功型难题择婿故事。

---

① 安徽人民出版社编《一桶饭乾》，安徽人民出版社，1955，第3-5页。
② 中国文学会编《中国の民話》，未来社，1961，第200-204页。

从前，某县城的一家商铺破产了，掌柜王小利带着女儿宝英搬到乡下。两人靠女儿做针线活勉强度日。但是王小利无法忘记过去奢侈的生活，便昧着良心打算把美丽的女儿嫁给一个农户，以此得到酒肉款待，甚至约定八月十五为定亲之日。后来，不知是他忘却了定亲之日，还是忘不了酒食款待，他又去了道士家，并以女儿为饵，骗取酒席款待，还得到不少酒水大米，得意忘形之际，又定下了八月十五为定亲日子。

过了一些时日，王小利又去了当铺老板张百万家，承诺将自己女儿嫁给其儿子，以此又得到了款待，还得到了许多银钱，心情颇好，又将八月十五定为定亲的日子。

到了定亲之日，三个女婿都来了。看到唉声叹气的王小利，宝英心生一计，让三个男子分别作一首四言绝句，并决定嫁给诗作最好之人。张百万的儿子，最先作诗，他含情脉脉地吟诗："汝若恩爱，赠以金银。"道士也不服输地作诗道："汝若恩爱，赠以绫罗"，意欲以此作为诱惑。但是宝英都冷淡地宣布两人诗作平平。最后，农户出来唱道："我有之物，只此粮蔬。"宝英听后，十分满意。于是，在众目睽睽之下，宝英与农户携手而去（《三女婿拜年》[①]）。

江西南昌流传的这个难题择婿故事中，最令人注意的是三位准女婿的订婚日都在八月十五。该时日与中秋月圆之日重合是纯属偶然还是八月十五之日与此类故事有重要联系？或者还有其他原因？也许仅凭此一

---

① 江西文艺出版社编《三女婿拜年》，江西文艺出版社，1955，第1-2页。

例无法说明任何问题，但是八月十五这个日子仍十分令人在意。

三、即兴诗方面的难题

与南昌的故事结构相同的故事也出现在海南岛的文昌。那里的大地主有一个愚钝的儿子和一个聪明的女儿。父亲为了给女儿寻一个良婿而四处奔走。最后确定了私塾先生、果园主人和村边的贫困书生三个人选。女儿替苦恼不堪的父亲想出一个办法来选定女婿，她分别给三位准女婿一个诗题，让他们作诗决定胜负。在该故事中，贫困书生凭借诗作成为地主女婿，即所谓的成功型难题择婿故事。但是，该故事与之前江西南昌的故事有一点不同。即在女儿出难题之前，父亲先给三个男子出了难题。其难题分别是，让私塾先生指导自己愚钝的儿子通过科举考试；要求果园主人让一个蒂上结出两个桃子；让书生用一根粗大的铁棍，给缝制衣服的母亲磨一根绣花针。①

在这个故事中，父亲与女儿出了两次难题，最终以女儿的难题来选定女婿。但就难题本身而言，父亲出的难题更符合传统形式。换句话说，这里重合了两种不同性质的难题。中国不愧是文学大国，连民间传说的难题也常常要求诗词歌赋。如上文所述，这也许与求婚习俗的对歌有关。说到人生最大的难题，在古代中国，便是科举考试，拥有吟诗作赋的才华是他们安身立命的捷径。中国难题择婿故事中的吟诗环节，巧妙地融合了此类文化传统和民间习俗。

广州的难题求婚故事与上述两则略有不同。这个故事是由女子即兴

---

① 王蒂桥：《一女许三婿》，《民俗》1929 年第 90 期，第 15-19 页。

赋诗，并根据诗文内容选择夫婿。

　　从前，在某地，有对夫妻育有两儿一女，两个儿子已经成家，于是夫妇俩开始着手为女儿择婿。夫妇二人都各自给女儿挑选了夫婿，两位哥哥也自作主张为妹妹定亲，结果梁、李、黄、谢四个准女婿凑到一起，闹了起来。到了出嫁之日，家门口停着四顶花轿迎娶新娘，形成了一女配四男的局面。

　　广州地区有新娘唱哭嫁歌的习俗。事已至此，女儿无可奈何，只能从四人中挑选一个作为夫君……女儿潸然泪下，唱起即兴歌：

　　我上树摘花不谢，阿妈！

　　过园摘菜避开黄，阿妈！

　　大海鲛鱼不是鲤，阿妈！

　　七月天时女爱凉，阿妈！

　　她最后选择了父亲挑选的梁公子。①

　　于我而言，由于即兴歌难以理解，所以没能逐字翻译。但是，歌词中的"李"与"鲤"，"梁"与"凉"，在发音上相同。女儿在歌中运用谐音，表达谢氏、黄氏、李氏都没有入选，然后利用人们熬过酷暑，喜欢秋（农历七月是秋季）凉（音同于梁）的常识，进而出于孝道，最终选择了父亲挑选的夫婿，这是一个表达中国传统儒家思想的故事。值得注意的是该故事中的求婚者并非三人，而是四人。虽说三人、三个难题

---

　　① 万章：《一女配四男的故事》，《民俗》1928 年第 10 期，第 36-37 页。

是难题故事的基本类型。但是，根据故事传播者的喜好，有可能在口口相传的过程中，求婚者变为四人或五人，难题也变为四题或五题。

四、空想世界的难题

另外，在女主人公给求婚者出的难题中，作诗、科考指导、花果栽培等难题虽说困难，却也不无可能解决。但是，有许多难题择婿故事中的难题宝物大概只存在于世外或空想世界。以"三件宝物"为题的广东地区的民间传说就是其中之一。

从前，一位年轻人与女子相恋。女子的父母为了试探年轻人是否真心，与年轻人约定如果他能找到金线（黄金线）、金针、金珠三件宝物，便将女儿嫁给他。年轻人便启程去寻访居住在泰山顶上的仙翁，向他讨教难题宝物之所在。途中，他遇上了因蚕不吐丝而焦急万分的老婆婆，因耕牛不转头而恼羞成怒的农夫，因雄鸡不啼而愁眉不展的猎人。受三人所托，年轻人承诺如果到达泰山就向仙翁请教如何能让蚕吐丝、让耕牛转头、让雄鸡啼叫。后来，年轻人终于登上泰山，见到了仙翁。他首先询问受人之托的三个问题的解决方法，然后才打听三件宝物之所在。然而，对于三件宝物的所在地，仙翁笑而不答。年轻人按照仙翁传授的方法教会养蚕老婆婆，蚕立刻吐出了金线。接着，他找到农夫家那头不能转头的牛，拔掉插入牛头的尖刺，得到了金针。然后，他找到猎人家不会啼叫的雄鸡，取出其喉中的异物，得到了金珠。最后，年轻人带上获赠的金线、金针、金珠三件宝物匆忙赶回家乡，兴高采烈地与女子结为夫妇。①

上述形式的难题择婿故事，在各地广为流传。旨在劝诫人们急人之所急，往往更容易获得成功。还有一则故事，一女子对着众年轻人说："无论是堆积如山的金银，还是高楼大厦、良田千顷，我都无动于衷，我所期望的夫君，唯是替我拿到三件宝物之人。"听闻之后，有的年轻人垂头丧气、失望而归，有的为了寻求三件难题宝物前往东海，随后大多数人都销声匿迹。这让我想起了《今昔物语集》伐竹翁故事中的一幕：求教于博识之人，有的离家出海，有的弃世入山，在寻宝的路途上，有的丢了性命，有的一去不复返。

较之于日本的竹中诞生传说，上述中国的故事中，女子指名的三件宝物分别是一根金针、四两金线、一颗宝珠。其中宝珠是鲤鱼跃龙门时口中的红珠，也就是龙珠，这与辉夜姬给大伴大纳言出的龙头明珠难题属于同一类型。

中国的难题故事中有许多关于龙头明珠的难题。在浙江省吴兴地区流传着这样一个难题求婚故事。一个家仆众多的财主有个美丽的女儿，其中有个仆人是泥瓦匠，名叫阿大，对财主女儿一见钟情，遂求婚。阿大千辛万苦带回财主让他寻找的三件难题宝物，最后与财主女儿喜结连理，这是个普通的成功型故事。那三件难题宝物分别是金银各三缸，一丈二尺的黑发三根，还有就是龙口中的夜明珠。②

在同一本书中，还收录了另一则求婚故事。但由于搜集地不详，故

---

① 广东人民出版社编《广东民间故事•第1集》，广东人民出版社，1959，第56-58页。
② 朱雨尊编《民间秘语全集》，上海文艺出版社，1934，第467-471页。

作为资料来看并不完整。[①] 其中的难题也出现了夜明珠。故事内容都大同小异，省略求婚的始末，这里女子的父亲给癞子提出的难题是四件宝物。第一件宝物是一只白羽雀，第三件宝物是一张鲜龙皮，第四件宝物是一根重二两、长一丈二尺的胡须，第二件宝物则是一颗一斗大小的明珠。在这四个难题宝物中，除了第一个白羽雀，其他三个都与龙息息相关。总之，这些都是写故事之人空想出来的难题，他们空想的"自由领域"越来越开阔。

第四节　"无某无猴"

一、布鼓、梧桐叶与七篇文章

虽说在中国大陆地区有各种各样的难题求婚故事，但是其中的难题宝物各有不同。例如中国华南地区的民间故事。

无某无猴的故事①：

　　一对老夫妇没有儿子，只有一个女儿，女儿也到了该嫁人的年纪。父亲给女儿物色了商人，母亲反对。然后又给女儿物色了猎人，女儿也不满意，于是女儿自己选择了书生。面对三

---

① 朱雨尊编《民间秘语全集》，上海文艺出版社，1934，第471-478页。

个准女婿，父母十分苦恼。女儿说不用担心，提议给三个男子分别出一道题，谁能最早完成便嫁给谁。首先，让商人到雷州买一面布鼓。接着，让猎人将院中梧桐树叶逐片射落，一叶不留。还有，让书生完成七篇文章。为了娶到女子，书生急忙研墨，猎人赶紧搭箭在弦，商人则急忙赶往雷州。但是在去雷州的路上，商人遇到一位老人背着布鼓迎面走来。看到老人身上的布鼓的确产自雷州，商人欣喜若狂，立刻买下布鼓并沿来路返回。

此时，猎人才射落一半院中的梧桐树叶，书生的文章也才刚刚完成三四篇。商人欢欣雀跃，跑去女子家中。这时，空中突然飘落下一张纸片，上面写着：雷州布鼓叮咚响，梧桐叶落半边空。有缘千里来相会，无缘对面不相逢。于是，女子嫁给了商人为妻。①

二、无妻无猴

接下来介绍的是在南海沿岸的广东省汕尾地区流传的故事。实际上，以获取雷州布鼓、射落梧桐叶、书写文章这三个题目为主的难题求婚故事，多以"无暴（某）无猴"或"无妻无猴"之名，在中国泉州（福建）地区以及中国台湾广为流传。

无某无猴的故事②：

从前，一对夫妇有个聪慧美丽的女儿。由于家中贫穷，难

---

① 林兰编《贪嘴的妇人》，北新书局，1932，第133-135页。

以度日，于是夫妇俩以嫁女为由，陆续收取彩礼钱。不久之后，按照约定，甲乙丙三位男子前来娶亲，最后只有通过难题来择婿。让学识渊博的甲某作十篇文章，让自诩为弓箭名手的乙某射落院内的梧桐叶，让善于奔跑的丙某跑去雷州，把庙里的布鼓取来。然而，父母暗中看好的甲某让他们期待落空，反而是丙某很快就咚咚咚地敲着鼓回来了，于是按照约定，夫妇把女儿嫁给了丙某。

但是这个故事附有一篇后续，这个后续也是该故事被称为"无某无猴"的缘由。

实际上丙某养了一只猴子，去雷州庙中取来布鼓的其实不是丙某自己，而是那只猴子。后来这件事情暴露，妻子恼恨交加，突然引发心绞痛，呻吟着倒地不起。丙某惊慌失措，听到妻子说："我在成亲前便因此病痛苦不堪，当时父母听说猴子的心脏有奇效，便给我吃了猴子的心脏，颇为奏效。"丈夫听闻后，立刻出去杀了那只养了多年的猴子。妻子得知后，深感丈夫是忘恩负义之人，最终自杀身亡。面对此景，丈夫感叹道"无某无猴"。①

在闽南地区的方言中，"妻"的发音与"某（暴）"相同，"无某无猴"也就是"既无妻子也无猴子"的意思，甚至还表示"连妻子都没有的没出息的人"之类的骂人话。这个复合故事的有趣之处在于"无某无

① 江肖梅：《台湾民间故事1》，出版社不详，1954，第15-17页。

猴"这句话的由来。那么，为什么将妻子与猴子相提并论呢？根据中国
台湾刘枝万的说法，在台湾地区，说起猴子，也可意指"奸夫"。所谓
"掠猴"（捉住猴子）也有抓住奸夫的意思。南方熊楠曾经引用过《笑林
广记》并得出"女性阴部的毛发让人联想到猴子的毛发"的言论。在日
本落语"熊皮"中有一个笑话，客人抚摸着垫座的熊毛皮时，突然觉悟
似的对主人说："哦，对了，我老婆也让我向您问好。"

三、鼓与雷神

在"无某无猴"的故事中，猴子与妻子占尽风头，让人兴味盎然
的还有那只猴子从雷州带回来的布鼓。众所周知，雷州地如其名，春
夏相交之际几乎每日雷电交加（《唐国史补》[①]），是多雷之地。自古以来
盛行雷神信仰，各地都祭拜雷神。唐代刘恂的《岭表录异》中有记载：
在雷州西面的雷公庙中，当地居民每年都会摆放连鼓、雷车，供奉酒肴
以祭祀。沈既济的《雷民传》中也有同样的记载。连鼓与雷车是雷公雷
鸣时的神器，也是神灵附身之物。

此外，在上述两本书中还可以看到一个习俗，即在参加祭祀的人群
中如果有食鱼或食猪之人，天空就会电闪雷鸣，让人们谨记这个禁忌。
据说雷公之所以讨厌吃猪肉的人，是因为其身型像猪（《唐朝史補》），
人们忌讳食用神的化身，所以产生了该禁忌。

上述的吃肉禁忌好像与雷公庙的布鼓有关。据说祭祀用的鼓面忌
用皮革这一风俗，尚存于现在的中国台湾。因为我手头资料不全，故不

---

① 李肇、赵璘：《唐国史补》，上海古籍出版社，1957。

能下定论，但是当地人每年祭祀时供奉的雷州庙连鼓，无一例外都采用了非皮革面料的布鼓。自古以来，华北地区就有"持布鼓过雷门"的说法。这是否是布鼓的起源，具体不得而知，但是从上述民间传说来看，盗取雷州雷公庙里供奉的布鼓，便是难题之一。当地雷公庙好像还制作仿真布鼓卖给信徒，以作为避雷的护身之物。

　　说起布鼓的难题，让人想到的是《今昔竹取》中不敲自响的鼓，这面鼓肯定与众不同。将活的蜜蜂或牛虻放到鼓里，用纸做鼓面，就能让鼓不敲自响，这些应该是后人的智慧。我认为这个神奇的鼓应该起源于雷神之鼓。而且，我认为这其中插入了"优昙花"的难题。"不敲自响的鼓"与"空中鸣雷"，本来就存在一定联系。作为三个不同领域的难题，这两个难题非常接近。

　　《日本书纪》雄略天皇七年七月卷中记载了如下故事：天皇因为想看三诸山雷神的真身，于是命人去抓雷神，螺蠃承天皇之命登上三诸山，抓了一条大蛇呈献给天皇。抓"空中鸣雷"的难题，应该与该故事有关。但是，螺蠃捕雷的传说与求婚没有直接联系。如果说到单纯的捕雷传说，在中国也不乏此类型的故事。我认为首先要思考的是把雷看作龙蛇的信仰，原本出自何处。不难看出，这是中国及印度自古以来的信仰。总之，在《今昔竹取》的难题求婚描写中是否引入了螺蠃捕雷之类的传说，我认为有百分之五十的可能性。如果事实真如我所猜测的样子，那么《今昔竹取》难题求婚描写中的"空中鸣雷"有可能属于中国的雷公庙之布鼓系列。"空中鸣雷""不敲自响的鼓"好像是日本口头传承的代表性难题宝物，所以让人感觉这些难题源自日本。然而，"不敲自响的鼓"虽然不如优昙花那般确定，但是，无论怎么看，它都不像是日本的产物。

　　在中日两个故事中出现的"空中鸣雷"和"不敲自响的鼓"之间，

让我感到二者的共通性不仅在于它们都不敲自响的特征，还在于故事结构及主题的相似性。此外，故事结局也有相通之处。在无某无猴的故事中，第三位求婚者获得成功，然而如无某无猴②描写的那样，故事的结局是女子（妻子）由于绝望而自杀身亡。故事中虽然说明了自杀的理由，但是仔细想来，这样的理由极其不自然。或许故事的意图是想说明这个出题的女子，从一开始就摆脱不了悲惨的命运。

四、悲剧性的结局

所谓无某无猴，正如文字所述，是同时失去妻子和猴子的愚蠢之事。如果把对男子的嘲讽抽离出来，就是一个独立的讽刺故事。以下列举的就是狭义的"无某无猴"故事。

无某无猴的故事③：

一位勤劳却有些愚笨的男子和美丽的妻子过着安稳平淡的生活。但他总想找一个可以赚大钱的谋生之计。

某天，他看到庙前聚集了很多人，于是走上前去一看究竟。原来有个卖艺人正灵巧地拉动绳子，让猴子表演才艺。每次表演结束，看客们都纷纷给他们打赏银两。男子看到这个谋生之计十分赚钱，于是去找卖艺人商量能否把猴子卖给他。可是，他倾其所有都还不够，于是心生一计把妻子卖了凑钱，终于将猴子买到手。暗自得意的男子迫不及待地把猴子拉到街上，在众人面前开始耍猴。可是，猴子不听使唤，不做任何表演。男子怒不可遏，用竹鞭抽打猴子。猴子惨叫着跑到寺庙房顶，男子又用石头砸猴子，猴子四处逃窜，在树上上蹿下跳，最后消失在森林深处。此时，旁观的一位老人说："此刻此地，无某无猴"。①

这个狭义的无某无猴故事，并非是从上述无某无猴的故事中分离出来的故事，它本身就是一个独立完整的故事。换言之，上述无暴（某）无猴故事①和②是③与难题求婚故事的复合型故事。这个狭义且原本独立的无某无猴故事之所以能与难题择婿故事相结合，其原因也许在于故事悲剧性的结局——失去美丽女子（妻子）。如此推理的话，故事②中看清丈夫的真面目，恼恨他忘恩负义地杀掉猴子，最后选择自杀的女子的行为，与原本的无某无猴故事（狭义的无某无猴故事）的结局相吻合，同时与难题求婚篇的悲剧性结局也相通。

第五节　羽衣传说

一、天上的织女

羽衣传说的主题一般是男女短暂结合之后面临生离死别。在中国也有很多此类故事。天界的仙女因某种原因来到凡间结婚生子，后来又返

---

① 中国民俗学会编《台湾民间故事·笑话篇》，中国民俗学会，1952，第39-43页。

回天界。此类故事或是单独流传或是与其他故事融合再流传于各地。古籍中收录的是三至四世纪晋代干宝编写的《搜神记》中董永的故事：孝顺的董永遇到仙女愿意嫁与他为妻，并能编织美丽的锦缎。然而，不久后，仙女返回天界的时日将至，她对董永说：“我乃天上的织女，天帝被你的孝心所感动，命我前来助你。”说完，仙女飞向天空。故事大意是苦难之人受到天界恩宠，短时间内改变命运，然而，短暂的欢愉之后却要面临离别的痛苦。此类故事体现了人世间的无常，这些故事在当时如何打动读者和听众，我们不得而知。但是，此类故事在中国流传久远，并与其他故事融合在一起传承至今。

　　一个贫穷的男子，在过年前，带上仅有的积蓄去赶集。在集市上，他被一张美人画所吸引，于是倾其所有买下画，挂在屋里。男子不在家的时候，画中美人走出来，为他做饭。有一天，男子将美人拦下，二人结为夫妇。不久男子富甲一方，左邻右舍都不得其解。有一天，女子说：“我乃九天玄女，因犯错被天界罚至凡间。”男子不舍，便问她能在凡间生活多久，女子则沉默不语。三年后，女子生下一女。男子沉浸在幸福之中。可是，女子却日渐愁闷。终于有一天，女子问他：“那张美人画可还在？”男子毫无防备地回答画像还在，女子不经意地说想看看。男子心想：女子已经在此生活了三年，还生了孩子，不必再担心她会有任何变卦。于是不假思索地把那幅画拿了出来。接下来，不可思议的事情接踵而至。女子突然不见了踪影，而那幅原本大片留白的画立刻又变成了三年前的美人画。男子和孩子泪流满面，痛不欲生，然而美人画却再也没有动静。一位老者听说了此事，对男子说道："九天玄女在凡间的期限已至，已返回天界去了。"[①]

二、七夕型、七星型、难题型

关于中国的羽衣传说，不仅欧美学者，还有诸如中国学者钟敬文、日本学者君岛久子等人都展开了相关研究。这一系列故事可以分为七夕型、七星型、难题型三类。最早的七夕型故事即牛郎织女的故事。

> 一个贫穷的放牛郎在老牛的指引下偷走了在河里沐浴的一名仙女的衣服。仙女（织女）不久与男子结为夫妇并生下孩子。有一天，仙女发现了羽衣，于是穿上羽衣重返天界。放牛郎在老牛的帮助下追到天界，仙女被王母娘娘阻拦，王母娘娘只允许二人每年在七月七日相会。

第二个七星型故事，正像董永的故事一样，故事的重心转移到孩子身上。

> 仙女或是因为天帝的命令或是自愿成为一个贫穷男子的妻子，生下孩子后，离开凡间。孩子长大后，在其父或他人的指引下，到水边去寻找前来沐浴的母亲。母子相见后，仙女送给孩子财富，然后再次返回天界。

---

① 林兰编《金田鸡》，北新书局，1930，第 45–51 页。

其结局往往分为以下两种模式。

1.七星中的一颗星光黯淡，是因为这颗星（仙女）下凡生子的缘故。

2.七星中的一颗星下凡所生的孩子后来成为伟人或一族的始祖。

值得注意的是第三种类型的难题型。此类故事可谓是中国羽衣传说的典型，不仅数量庞大而且分布广泛。在苗族、瑶族、傣族及藏族、纳西族、壮族、黎族、彝族等少数民族中流传。广泛分布于海南岛、广西壮族自治区、云南、四川、贵州、广东、湖南等省市（区）。还流传于浙江、江苏、山东、内蒙古等地。这里首先介绍湖南苗族的传说。

一天，有七只鸟来到池中沐浴，它们是天界七仙女的化身。放牛郎在老牛的帮助下偷取了一名仙女的羽衣。没有羽衣的仙女，不能返回天界，只能与放牛郎结为夫妇。两年后，他们生下两个孩子。一天，孩子告诉母亲羽衣的所在之处，于是仙女穿上羽衣抱着孩子返回了天界。放牛郎在老牛的指引下骑上牛背前去追赶。

到此为止的故事内容为七夕型故事。

来到天界的放牛郎被天帝发现，他给放牛郎出了几个难题。其中之一是：砍伐广袤森林中全部的树木，再把树木全部烧光，然后撒上三石三斗三升的小米，最后再把小米壳一粒不落地捡起来；另一个难题是：砍掉山中全部的竹子，并把每根竹子削尖。这些难题放牛郎都在仙女的帮助下顺利解决。最后的难题是叫放牛郎去仙女的外祖父家里取一面鼓。仙女告诉放牛郎外祖父其实是雷公，并告诉他偷到鼓之后逃跑途中如果遇到追兵，就用仙女递给他的三张符咒脱身。在仙女的指引下，放牛郎成功偷走了雷公的鼓并顺利脱身。后来，二人敲响那面鼓，鼓声响彻云霄，把天帝的肚皮都震破了。放牛郎和仙女及孩子们从此以后幸福地生活在一起。[1]

此类故事在中国各地流传。例如，山东省沂南地区流传的故事，就是将上述湖南苗族羽衣传说中的老牛换成了小鹿。

　　一名男子解救了被一群孩子欺负的小鹿。小鹿告诉他会有九位仙女下凡来沐浴，叫他去偷仙女的孔雀羽衣。男子偷走了最小仙女的羽衣，后来二人结为夫妻。仙女生下两个孩子后，返回了天界。男子在小鹿的指引下追寻到天界。仙女的天父给男子出难题。男子在仙女的帮助下顺利解决难题，最后二人幸福地生活在一起。[2]

此类故事，属于成功型故事。

仙女所居住的世界并不都是天界，也有可能是海底。例如，云南省傈僳族的鱼妻故事，可以为我们提供参考。

　　孤苦伶仃的渔夫迎娶龙宫仙女为妻，不久仙女返回龙宫。渔夫在青蛙的帮助下来到龙宫寻找妻子。但是，龙王百般阻挠，

---

[1]　凌纯生、芮逸夫：《湘西苗族调查报告》，商务印书馆，1947，第269-277页。
[2]　贾芝、孙剑冰编《中国民间故事选（一）》，人民文学出版社，1959，第129-137页。

向渔夫提出了许多难题。这些难题诸如一天之内开垦荒地，再用一天时间在开垦的土地上撒上小米，再把小米捡起来清点清楚等。此外，还有用一支箭射下两只斑鸠，甚至还有像日本神话中出云国主神大国主命所接受的考验那样，从山上放倒树木想要压死渔夫。但是，这些难题都被聪明的龙女破解。最后的难题是让渔夫去猴子家里偷取铜锣。龙女机智地帮助渔夫顺利盗取铜锣。如此这般，经过五轮考验，渔夫最后终于成功迎娶龙女。①

现有的难题型羽衣传说或其亚型传说，都属于成功型或圆满大结局型。但是，难题型羽衣传说并不全都是圆满大结局。羽衣传说结局为离别的亦不在少数。下文将以新旧两个故事为例进行说明。首先，贵州苗族的"天女配九皋"就是以悲剧结尾的难题求婚型羽衣传说。

> 有一个叫九皋的贫穷男子独自生活。有一天，放牛娃告诉他有七位仙女要到附近的湖中沐浴，他按照放牛娃的指引偷走了仙女的羽衣后，与仙女结为夫妻。在仙女的帮助下，九皋实现了所有愿望，二人还生下孩子，幸福地生活。有一天，仙女说想见天界的父母，于是九皋也跟着同去。可是，仙女的天父和表哥们并不欢迎他，还想出难题意欲杀害他。

这些难题各种各样，就像八十神想要为难日本神话中出云国的主神——大国主命一样。

① 宋哲编《云南民间故事》（上），香港宏业书局，1961，第1-14页。

仙女的天父和表哥们砍倒山上的大树准备压死九皋。然而，在仙女的帮助下，九皋都顺利逃脱。最后的难题是让九皋去偷取远处一个寺庙里的铜鼓。这也在仙女的机智帮助下成功拿到。九皋得以与仙女重新团聚。但是，当仙女为寻找孩子而离开的时候，仙女的兄嫂引发了大洪水把仙女和九皋都淹死了。两人化作小河北岸的杨树和南岸的柳树。这个故事旨在解释人们喜欢在河两岸栽种杨柳的习俗。两人的孩子化为翠鸟，在河边的杨树和柳树之间飞来飞去，不停鸣叫："啾啾，南，啾啾，北，你是我的母亲吗？你是我的父亲吗？"①

故事讲到这里又再次回到无某无猴的故事，关于前文没有触及的一个问题，在此略为提及。无某无猴的故事讲述了一名女子因为一只猴子而被卖身的情节，我认为该名女子并非穷乡僻壤的普通女子。由于该故事在传承的过程中沾染了世俗的气息，因此女主人公的神秘性也就随之暗淡，甚至沦落到卖身的地步也就顺理成章。女主人公不仅美貌，而且还拥有智慧和胆识，她的胆识和智慧，隐约显示出她不同寻常的出身。虽然下文即将要提到，但是，在此我想先强调这些难题求婚型故事中的女主人公都有着高贵的出身。

三、复合型

在中国，流传下来的很多传说故事，其中就有竹中诞生传说及各种

---

① 宋哲编《贵州民间故事》，香港宏业书局，1962，第55-65页。

难题型求婚故事。特别值得关注的是与《搜神记》中的董永故事、"九
天玄女"密切相关的羽衣传说相融合的难题求婚故事。如果把这些故事
的部分内容拼接起来，对于研究日本竹中诞生传说的形成过程将具有较
大的参考价值。（参照图3-1）

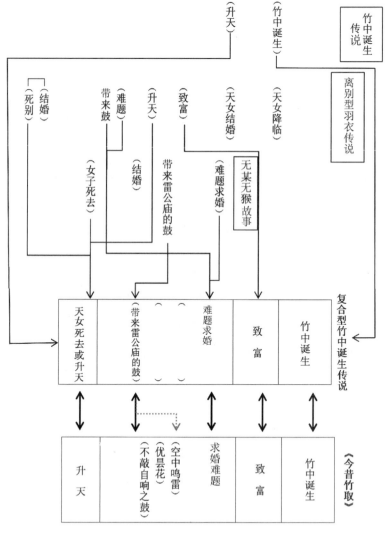

图 3-1　羽衣传说与日本竹中诞生传说

（双向箭头表示对应关系，单向箭头表示向复合型转化——作者注）

　　将中国的传说故事中的竹中诞生女童与身着羽衣的天女相复合，如果复合后成为无某无猴型难题求婚故事的女主人公的话，那么它将与日本竹中诞生传说的结构如出一辙。

　　在提出一个具体假说之前，也许应该再讨论一下在日本发生同类情况的可能性。伊香的小江及其他羽衣传说以及包含捕雷要素的难题求婚型故事，这些故事与中国的诸多传承相通。如果这些故事中相通的要素很早就流传到日本列岛的话，那么由羽衣传说和难题故事复合而成的竹中诞生传说也有可能在中国形成。我认为这种复合型竹中诞生传说在中国形成的可能性很高。因为，首先，关于竹中诞生传说，相较于文献记载，日本的民间口头传承现象并不明显。也许由此可以佐证它并不是日本国土代代传承下来的传说。此外，日本的客观环境并不适宜于催生竹中诞生传说。而且，日本人对于月亮的情感也值得探讨。日本的思想并不认为月亮是净土之源。查看日本神话传说会发现有月亮出现的场景极少。月中仙女、月亮神话、观月习俗之类都是中国自古以来的文化现象。因此，复合型竹中诞生传说的形成，从客观条件来说，较之于日本，其形成于中国的可能性更大。但是，没有例证的讨论难免显得苍白，因此，需要在此举例说明。我认为以下是复合型竹中诞生传说产生于中国的一个具体例子。

　　无某无猴的故事④：

　　　　从前，在距离雷州很远的一个村子里，有一个樵夫，名叫李再生。他每天上山砍柴为生。由于没有孩子，樵夫的妻子便向月亮祈求赐予她一个孩子。有一天，李再生在山上砍柴的时候，突然，从一棵大竹中传来婴儿的声音："快把我从竹子里救出来呀!"李再生半信半疑地用斧头把发出声音的竹子砍成两半。结果,从中跳出一个大约两寸(6—7厘米)的小女孩。李再生欣喜若狂,把她捧在手心里,问道:"你从哪里来?"女孩回答说:"我来自月亮上,和你有父女之缘,所以降临人间。"李再生越发欢喜,给她取名李月娥,将她带回家,夫妇二人精心养育着这个女孩。

时光荏苒,十多年过去了,李月娥出落成亭亭玉立的少女,李再生夫妇也日渐年迈。由于家道中落,李再生夫妇商量为女孩寻找一个好女婿,将来能为自己养老送终。有一天,风闻李月娥美貌的一个书生,带着白银一百两前来求婚。穷困潦倒的李再生被金钱迷惑,收下了白银。后来,一个猎户也前来求婚,他带来了五两黄金,李再生也收下了。又过了几个月,一个耍猴的卖艺人带着一百两白银也来求婚,李再生也照单全收。一天,书生、猎户、卖艺人来到李家求娶女儿。李再生一阵慌乱,李月娥却镇静地说:"今天并非迎娶的黄道吉日,我也不能嫁三夫。干脆你们三人各自比试才艺,获胜者可以做我的夫婿。"按照常理,书生写字、猎户拉弓、卖艺人因常年行走江湖脚力不凡,所以李月娥给三人分别出难题。她让书生抄写《论语》,让猎户拉弓搭箭把院子里的梧桐叶射落下来,让卖艺人去雷州山上的寺庙里把一面鼓拿来。三人接到难题后立刻行动起来。

在书生和猎户还没有完成难题的时候,突然,从远处传来了敲鼓的声音,卖艺人胜出。李月娥问卖艺人为何如此迅速地拿回那面鼓,卖艺人如实回答是猴子跑去拿来的。李月娥心中恼怒,因为卖艺人让猴子去拿鼓,实际上他本人却无任何才能，于是她心生一计，谎称自己心口疼。接下来的故事就是前面所述的卖艺人杀猴，李月娥责问他的场景。责问之后，她说："实际上，我的心口疼这个病吃了猴心也无济于事，你先回去吧！七天以后再来！"说完，把卖艺人赶走了。七天后的傍晚，卖艺人又来到李月娥家里。可是，眼前的情景却让他大为惊讶。只见云雾升腾，传来霓裳羽衣曲的乐声，不久从地面到天空开辟出一条天路。李月娥向年迈的李再生夫妇和卖艺人告别，她说："我与人间缘尽今日，我乃月宫仙子。今夜，天宫的使者会来接我返回，就此辞别！"说完，李月娥随着前来迎接她的天宫使者飞向遥远的天际。卖艺人突然回过神来，他的猴子也死了，妻子也没有了，他大声哭喊："无某无猴"。①

四、《今昔竹取》的原型

从竹中诞生的童女名叫月娥，此类名字在日本就像"花子"这样的名字，极为普通。关于名字源由，一般是故事讲述者先讲述故事梗概，即婚后久未生育的妻子向月亮求得孩子，这个孩子的真身是仙女，不久后仙女必须返回天宫。然后根据故事内容给女主人公取了月娥的名字。这样的命名方式让我联想到她与姮娥（嫦娥）可能有一定关联。在中国古代传说中，姮娥（嫦娥）是后羿的妻子，因为偷盗西王母赐予丈夫的长生不死药，最后飞往月宫。这些故事没有理由让人不联想到辉夜姬升天的场景。同时，还会让人联想到中国江西的"一女许三郎"故事。因

---

① 　文奇编《民间奇谈》，文史哲出版社，1971，第72-78页。

为"一女许三郎"故事中女主人公王宝英给三个求婚者约定的迎娶时间就是八月十五日。故事中，王宝英的出身虽然是某个破产商人的女儿，但是王宝英和该故事本身也许在演变为今天的样子之前，应该和月宫那个遥远的世界有某种渊源，那个时代的印记在故事中表现为可有可无的八月十五这个日期。但是，我认为这个日期绝非偶然、也并非毫无意义。在"无某无猴"④故事中，除了与"无猴"这个标题对应的猴子代替卖艺人去拿鼓以及卖艺人对猴子恩将仇报这些情节，可以看出"无某无猴"故事在结构上与《今昔竹取》像是来自于同一母胎的双生儿，二者有着高度的一致性。二者的差异，仅仅是孕育此类故事的风土环境、故事背后的文化和历史、故事中的家庭和共同体的不同所造成的。

在此要提出一个假设的话，也存在一定风险。因为，上文提到的"无某无猴"故事与《今昔竹取》虽然在结构上高度一致（参照图3-2），但是一个是在日本的平安时代记录下来的物语，另一个是在中国闽南地区和中国台湾口口相传的故事。通过上面的几则"无某无猴"型故事，可以看出"无某无猴"④并不是特定个人的创作。我想说与此类女主人公从竹中诞生的"无某无猴"④相同的故事，即复合型故事存在的可能性极大。正如前文多次提到的那样，《今昔物语集》中的竹中诞生传说被记录下来的时间晚于《竹取物语》，但是，学界普遍认为前者保留了更多故事原貌。然而，我们不能因此就轻易认定保留了更多故事原貌的《今昔竹取》的原型是以"伊香的小江""奈具神社"或"吞鸟爷"之类的故事为素材，然后在日本某地加工创作而成。在此，我并没有断言经过改编而成的《今昔竹取》的原作在中国。其实，我曾经推断将猴子代替主人盗取鼓及卖艺人背信弃义这些"无猴"主题融入"无某无猴"故事之前的故事才是《今昔竹取》的原型。现在，我对该推断也持谨慎态

无某无猴传说②
贫穷的夫妇
养有一女
难题求婚
甲某 让其作文章十篇
乙某 让其射下树叶
丙某 让其取来雷州山雷神庙的布鼓
丙某求婚成功
老夫妇的女儿自杀

无某无猴传说④
家中无儿的伐木老人
伐竹时偶遇女童诞生于竹中
难题求婚
书生 令其写文章
猎人 令其射落树叶
卖艺人 令其取来雷州山雷神庙的布鼓
卖艺人求婚成功
女儿升天

《今昔竹取》
家中无儿的伐竹老人
伐竹时偶遇女童诞生于竹中
难题求婚
空中鸣雷
优昙花
不敲自响的鼓
天皇求婚
竹生姑娘升天

图 3-2 "无某无猴"故事与《今昔竹取》之比较

度，因为"不敲自响的鼓""空中鸣雷"和雷州雷公庙中的鼓之间的联系等问题都没有得到实证。《今昔竹取》的难题求婚情节中难题之一的优昙花也是如此。《宇津保物语》初秋篇写道："去蓬莱找寻仙丹，到恶魔国去摘取优昙花来，"可见这种花是常人难得一见的仙方灵草。此外，在中国也有诸多讲述为了寻找数百年甚至数千年才开花结果的仙方灵草，英雄与恶魔争斗的故事。我相信在中国的难题型求婚故事中，除了优昙花，还能找到其他类似的植物。我在上文说过，与雷、"不敲自响的鼓"相比，优昙花之类的植物不像日本本土的产物。然而，不能就此强调中国难题求婚型故事的难题就是优昙花。中国的难题求婚型故事中的具体难题还悬而未决，诸如此类的问题还不少。但是，在此我想强调的是：不能就此判断日本竹中诞生传说的源流只能在日本国内寻找。柳田民俗学的辉煌发展，使得我们更加期待一度褪色的江户时代以来的国际视野能够面目一新、重新出发。前人的努力并非徒劳。

如果需要重新审视《今昔竹取》的形成过程，那么《竹取物语》也会面临同样问题。在此，我想重申一遍，《竹取物语》真的是以日本的民间故事为素材创作出来的吗？《竹取物语》"幽默诙谐地描写五位贵公子向辉夜姬求婚未果，反而一一挫败，落荒而逃"①。可是，作为文学艺术作品其目的真在于此吗？我们能认为这部作品"是由有素养的文学家在书斋中创作而成"②的吗？进而是否可以认为"难题求婚描写才是《竹取物语》的作者最精心雕琢的部分？"③总而言之，我们需要重新审视《竹取物语》的创作过程。

---

① 柳田国男：《定本柳田国男集》第 6 卷，筑摩書房，1963，第 173-174 页。

② 三谷荣一：《竹取物語の素材と構成》，《国文学解释と鑑賞》1958 年 2 月号，第 9 页。

③ 三谷荣一：《物語史の研究》，有精堂，1967，第 100 页。

第四章

《竹取物语》改编说

第一节 《竹取物语》和《斑竹姑娘》

一、朗巴的楠竹

1954 年，我去过位于中国西南四川省西部和西藏昌都地区交界的鸡冠状山脊地带——阿坝藏族自治州。近年来，不断有人来这里搜集民间故事，田海燕将其中一部分编辑收录在《金玉凤凰》第一册（43 篇民间故事）中，并于 1961 年在上海出刊发行。其中，有一篇名为《斑竹姑娘》的故事。斑竹是一种竹竿表面有紫褐色斑纹的竹子，《斑竹姑娘》就是讲述于斑竹中诞生可爱女童的故事。

在金沙江、澜沧江、怒江的上游沿岸，竹子种类丰富，和四川的其他地区以及曾经孕育了夜郎古国的贵州、广西、广东、东南亚等地一样，这一带形成了茂密的竹林。"斑竹姑娘"就是在以竹为生的人们中间世代相传的民间故事。

金沙江流域气候温暖，适合多种竹类的生长。其中，人们最喜爱楠竹。楠竹笋刚破土而出的时候，味道鲜美，成竹壮硕挺拔比楠木还高，竹竿翠绿结实，是上好的建造房屋和搭建桥梁的材料。

在金沙江岸边，住着一对贫苦的母子，儿子是个未满十岁的朗巴（少年），一心守护着这片竹林。可是，管理这片区域的土司却贪得无厌，他以低廉的价格把村民们的竹笋强行买下，

并要求村民继续照料，等竹子长成就派手下去砍伐。土司命人
把竹子扎成竹排，然后顺水漂流，靠卖竹牟取暴利。

朗巴有一棵格外喜欢的楠竹，一想到也要被贪婪的土司卖
掉，母子二人就忍不住流泪，泪水滴在楠竹上，楠竹就变成了
漂亮的斑竹。更加令人不可思议的是，这棵斑竹只长到与郎巴
一般身高就停止了生长。终于，到了所有的楠竹都被砍伐的那
一天，郎巴悄悄把这棵斑竹砍下来，扔进深潭里藏起来。等土
司们走后，朗巴偷偷捞起斑竹，发现竹中有啼哭声，他觉得很
不可思议，把竹子劈开一看，有一个可爱的女孩端坐其中。女
孩一天天长高长大，不久长得像郎巴一般高大。最后两人相爱
了，郎巴的母亲也希望斑竹姑娘能够嫁给自己的儿子，一家三
口快乐地生活下去。

以上是故事开头，主要内容是女童自竹中诞生。随着故事的展开，
郎巴和斑竹姑娘在经历一番波澜之后喜结良缘，故事圆满结束。总而言
之，该故事讲述以竹为生的贫穷男孩，即伐竹人，偶然的一次机会，他从
竹中获得一个体型娇小的孩子，最后收获幸福。可以说该故事与日本的
《竹取物语》在故事框架上大致吻合。从这一点来看，这和以往学说中提
到的《后汉书》和《广大宝楼阁经》中的竹中诞生故事不可等量齐观。

二、五人求婚情节的类似

然而，我特意把在遥远的四川腹地流传的《斑竹姑娘》搬出来和日
本的物语之著作比较，不仅因为二者在主要内容上表现出相似性，而且

还因为这个被称为"斑竹姑娘"的、非凡出生的女子，后来也被五名贵公子求婚，同时她还分别向五人提出难题的故事情节。如此一来，五人难题求婚故事便与竹中诞生传说结合在一起。这五个难题是：撞不破的金钟；打不碎的玉树；烧不烂的火鼠裘；燕窝里的金蛋；海龙王额头上的分水珠。

通过比较，不难发现这些物品和《竹取物语》中的"佛前石钵""蓬莱仙枝""火鼠裘""龙头上的明珠""燕子的子安贝"惊人地相似。而且，很多细节描写也与《竹取物语》高度吻合。总而言之，有必要将《斑竹姑娘》和《竹取物语》的五人求婚情节做比较。下列比较内容按照1到11的顺序排列。在每一项比较内容中，左边为《竹取物语》，右边为《斑竹姑娘》。

1. 求婚者的姓名或者身份。

2. 求婚者的性格。

3. 女主人公提出的难题。

4. 难题宝物的性质或者所在地。

5. 获取宝物的不可能性。

6. 得知难以获取难题宝物时，求婚者的心情。

7. 求婚者出发之际对女主人公所说的告别话。

8. 获取难题宝物的过程。

9. 求婚者讲述寻找难题宝物过程的艰辛。

10. 女主人公或者求婚者的心情及回应。

11. 结局。

（1）第一位求婚者

1）石作皇子。　 ／　土司儿子。

2）机敏，精于算计。 / 懒惰之人，不愿意做棘手之事。

3）佛前石钵。 / 三年之内找到撞不破的金钟。

4）天竺独一无二的石钵。 / 珍藏于缅甸边境的金钟。

5）跋涉千万里，也无法获取。 / 雄兵日夜守护，根本不可能偷走。

6）仍然不死心。 / 绝对不放弃美丽的斑竹姑娘。

7）今天，我要动身去找石钵了。 / 谎称要去寻找金钟。

8）时隔三年后，跑到大和国十市郡某山寺里去，把宾头卢像面前的被煤烟熏黑的石钵取下来。 / 从深山中偷了一口铜钟，镀上金。

9）跋山涉水历经艰险，取来石钵眼泪长流。 / 费尽心血，只想拿到宝物。

10）辉夜姬看那石钵黯然无光，连微弱的萤火虫之光都不如。 / 斑竹姑娘莞尔一笑，拿出锥子戳金钟，金箔脱落，露出一个大洞。

11）石作皇子通过扔掉石钵这一举动，向辉夜姬表明"即使丢掉廉耻也要追求辉夜姬"。 / 土司儿子羞愧不已，慌忙上马逃走。

（2）第二位求婚者

1）车持皇子。 / 商人儿子。

2）深谋远虑之人。 / ———

3）东海有座蓬莱山，山上有棵树，以银为根，以金为茎，以白玉为果实，去摘一枝来。 / 三年内找到打不碎的玉树。

4）东海蓬莱山。 / 通天河。

5）——— / ———

6）——— / ———

7）说完"我现在就去找仙枝"后，立刻动身。 / 谎称出发去寻找玉树。

8）坐船从难波出发，三天后又返回，然后招来六名一流工匠，找一个人迹罕至的地方，建造起一座门户森严的房子。自己和六名工匠住在这里。把自己所管辖的十六所庄园捐献给寺院，祈求神佛保佑自己和工匠能用上等的玉石制成仙枝。 / 前往北方，招募两三位技艺精湛的汉族雕刻师，让这些雕刻师将翠绿的上等玉石雕刻成玉树。

9）讲述寻找宝物过程的艰辛 / 讲述寻找宝物过程的艰辛。

10）辉夜姬心想："我难道真的要输给这个皇子了么？"心中闷闷不乐。皇子说"长年苦恋湿青衫，今日功成泪始干。" / 的确是晶莹剔透的玉树，商人儿子得意扬扬地想："这下斑竹姑娘会嫁给我了吧！"

11）没过多久，六个工匠来到皇子面前，说："皇子，您还未曾付过工钱。"皇子坐立不安，觉得丢脸，只得趁天黑逃走。后来他觉得自己不仅没有娶到辉夜姬，伪造仙枝的事情还被张扬出去，羞愧难当，于是逃到深山中，从此音信全无。 / 完成了玉树的雕刻师们来找商人儿子，质问他为何不付工钱。商人儿子抱着玉树骑上马准备逃跑，却被雕刻师们抓住，不仅玉树被打碎，还被马踩踏。

（3）第三位求婚者

1）右大臣阿倍御主人。 / 官家儿子。

2）——— / ———

3）大唐的火鼠裘。 / 三年内找到烧不坏的火鼠裘。

4）大唐。 / 松潘。

5）——— / ———

6）——— / ———

7）——— / ———

8）给前来日本的中国贸易船上一个叫王庆的人写了一封信，托他购买火鼠裘。王庆说不曾见过此物，恐怕世间难寻。但是听说有人从天竺把火鼠裘带到大唐存放在西边山寺中，如若如此，便去买来。 / 官家儿子从西藏到四川，再到北京四处寻找。第二年冬天，他听说在松潘一个积雪未消的深山古刹中有火鼠裘，他经过长途跋涉终于找到。

9）这火鼠裘连中国都没有，我千方百计才寻来的。 / 讲述艰难的寻宝过程。

10）火鼠裘一放进火里就噼里啪啦烧光了。 / 用松枝点着火，把火鼠裘扔进去，散发出烧焦味，火鼠裘化为灰烬。

11）右大臣见此情景，脸色像草叶一般发青，只得悄悄离开。 / 官家儿子十分羞愧，骑马逃走。

（4）第四位求婚者

1）大伴大纳言。 / 胆小而又爱吹牛的少年。

2）———— / ————

3）海龙王脖子上的五色明珠。 / 三年内拿到海龙王额头上的分水珠。

4）此国的山海中，时常有龙出没。 / ————

5）———— / ————

6）———— / 少年从未遇到过此等危险之事，但是为了自己的幸福，还是派下人前去。

7）———— / ————

8）把家臣都聚一起，分发路上的粮食，还赠予绢帛、钱财。倾其所有，让家臣前去寻找海龙王脖子上的五色明珠。可是，家臣们都认为这件事根本无法办到，于是瓜分了钱财，有的闭门不出，有的跑回老家。大纳言对此全然不知，一心只为辉夜姬修建房屋。 / 少年给下人们分发刀枪、金银，派他们出海寻找海龙王额头上的分水珠。然而，下人们并不愚钝，领取金银和刀枪之后，神不知鬼不觉地带着家人逃遁得无影无踪。少年则逢人必夸下海口，一定要拿到海龙王额头上的分水珠。

9）大纳言只身乘船来到筑紫海域，遇到风浪，剧烈呕吐。 / 少年无奈只身出海，行船遇到大风浪，船只剧烈颠簸，少年翻江倒海般地呕吐。

10）狂风暴雨持续了三四天，仿佛要把船只吹到原来的地方。大纳言抬头一看已经到了播磨的明石海边。大纳言还以为自己到了南海的海岸，他疲劳至极倒在船上。 / 第七天，少年在人迹罕至的南海孤岛被救起。

11）大纳言叫人备了一顶轿子，坐轿回乡。 / 少年在那个岛上住下，从此漂泊异乡。

（5）最后一位求婚者

1）石上中纳言。 / 傲慢的少年。

2）————— / —————

3）寻找燕子的子安贝。 / 三年内拿到燕子的金蛋。

4）————— / —————

5）————— / —————

6）————— / —————

7）————— / —————

8）对家臣说："燕子筑巢时，速来禀报。"不久，一个家臣来禀报说："宫中大厨房内，煮饭那间屋子的柱子上有很多洞，有许多燕子在做窝。"年老的司事说："要让一个人坐在大篮子里，篮子上系一根绳子，用滑车挂在梁上，拉动绳子使篮子上升，待燕子产卵时便取走子安贝。"中纳言说:"我上去取。"于是便坐进篮子里,众人把他拉上去。不料,绳索被拉断,中纳言正好掉进了一只大锅里。 / 少年带着随从把燕子在屋檐下筑的巢都捣毁,打碎了无数个蛋,但就是没发现金蛋,有个少年实在是看不下这种野蛮行为,便随口说:"山上的高楼里有金蛋。"在高达108丈的高楼房梁上挂着一张挂有秤砣的网,秤砣被摇摇晃晃地慢慢放下,高傲的少年拿掉秤砣后绑上一只桶,然后自己钻进桶里。正当他想要去抓警觉的燕子时,没有抓稳桶的边缘,掉了下来。

9)——— / ———

10)——— / ———

11)中纳言断气。 / 高傲的少年命绝。

三、惊人的一致

以上难题求婚的描写中,《竹取物语》中的第四节和第五节在《斑竹姑娘》中相互交换,燕子的金蛋在第四节,而海龙王额头上的分水珠则在最后。

首先,我们来比较和讨论难题宝物。在这些宝物之中,最引人注意的是第二位求婚者车持皇子的"蓬莱仙枝"和商人儿子的"打不碎的玉树"。在《斑竹姑娘》故事中,被描写为通天河玉树的一枝,因此,和《竹取物语》中的蓬莱仙枝几乎吻合。接下来两人的诡计也如出一辙。车持皇子和商人儿子都伪装说自己要出门寻宝,实则是待在家里,二人都悄悄雇用了数个工匠和雕刻师制造假玉树,做成之后,一边向女主人公讲述自己找寻难题宝物的艰辛一边献上宝物。然后,当目睹了这个与自己的未来命运息息相关的宝物之后,女主人公的反应也相同,诸如此类的细节描写都很相似。假仙枝或玉树被揭穿的过程，中日两国对其的概括也相同。工匠们因为没有拿到工钱而怒斥皇子、商人儿子，假仙枝或玉树很快露出原形，皇子和商人儿子也狼狈不堪。若是把这第二位求婚者的故事结构和出场人物做比较的话，我们不得不说这两个故事属于同一系列。

这样的类似情节在第三节的求婚情节中同样存在。右大臣阿倍御主人和官家儿子的难题都是火鼠裘，虽然获取的方法有所不同，但都是经历一番苦心，最后从山中古寺或者废弃寺庙中找到。阿倍御主人和官家儿子都非常高兴，立刻将宝物献给了女主人公。辉夜姬和斑竹姑娘都先试了试火鼠裘的真假，她们把火鼠裘扔进火里一看，立刻真相大白，这个小插曲也就此结束。

第四节的求婚情节在故事的展开和出场人物的设置上一致。求婚者被要求找的难题宝物都是龙珠。只是日本的龙珠是在龙脖子上，中国的龙珠是在龙额头上，二者有细微差别。中国的民间传说记载的龙珠所在地，大多都是在龙的眼中、口中、爪中等部位。为了寻找到龙珠，这两个求婚者都叫来家臣和下人，资助他们银两和粮食，让他们去寻找宝物。然而，这些人不是窝在家里，就是去游山玩水，随便应付，没有一个人去寻找龙珠。毫不知情的大伴御行和少年却满心期待下人们能找到龙珠，一个是逢人便吹嘘，另一个则为了迎娶女主人公精心做准备。可是过了几年也不见一个家臣和仆人回来，于是，他们便自己乘船去南海，但是都在途中遭遇暴风雨，最后狼狈不堪，以失败告终。

第五个求婚者的描写，中日故事情节也如出一辙。难题宝物"燕子的子安贝"和"燕子的金蛋"，二者乍一看觉得似是而非，但绝非如此。在中国及其他国家有很多关于吞食燕子蛋能怀孕的传说。子安贝，顾名思义，在日本是守护妇女安全产子的护身符，中国也有此习俗。汉代朱仲撰的《相贝经》中，也有相关记载。因此，无论是燕子蛋或是子安贝，都被认为在生殖繁衍上有某种神秘的助产力量，是一种神圣之物。虽然在《竹取物语》的研究者中，有学者为燕子和子安贝之间的联系尚不明确而纠结万分，但是，如果硬把子安贝规定为"燕子安产的护身符"，也许并无不可。要把子安贝的原形弄个水落石出的想法，反而会让人去猜想这个难题宝物的原形究竟是什么，从而偏离了主题。接下来要讨论的是，中日的故事中第五位求婚者寻找难题宝物的过程都基本一致。都是先派仆人去寻找燕子窝，在此过程中会出现第三者告知燕子窝的所在地，日本的《竹取物语》中是在宫中大厨房的煮饭屋子的柱子上，中国的《斑竹姑娘》则是在山上高楼的房梁上。值得注意的是，第五个求婚者的描写与第二至第四个的描写不同。第二至第四个求婚者的描写中，求婚者们寻找宝物都经年累月的耗费人力物力，并奔赴遥远的异国他乡，但都无果而终。但是，第五个求婚者要找的宝物却近在眼前，就在他们附近的大型建筑的房梁附近。而且，他们要爬到燕子窝的手段方法也很相似，我认为对此无须再进行详细说明。结果就是二人都对下人们胆小如鼠的样子忍无可忍，索性自己坐到桶（篮子）里，最后落得从高处摔死的结局，求婚者结局也如此相似。

接下来讨论五人求婚描写的第一节。在这一节里，女主人公要求的难题宝物是"佛前石钵"和"撞不破的金钟"。虽说这两件物品名称不同，但是二者的所在地都是遥远的异乡，并且这两件物品都难以获取。《竹取物语》和《斑竹姑娘》中的第一个求婚者都谎称自己出门寻宝，结果却躲藏在家，然后悄悄地去寻访附近的山寺，带回替代品。从某种意义上说，难题宝物的名字虽然不同，但相同的是它们都与佛有关。二人都一边讲述自己寻宝的艰难一边把宝物呈现给女主人公。不久,假宝物被揭穿,他们落荒而逃。正如上文所述,《竹取物语》在这个部分巧妙地运用了日语的双关语。石作皇子带来的石钵被辉夜姬识破斥退之后,他依然厚颜无耻地通过扔掉石钵的方式,向辉夜姬表达即使丢掉廉耻也要求婚的坚强意志。在此,运用了"扔掉钵"与"扔掉廉耻"(不顾廉耻)的双关语。由此可见,第一节求婚描写与其他四个求婚描写有所不同。但是从"佛前石钵"的"钵"与"不顾廉耻"的"耻"的双关语来看,让人怀疑其可能是"金钟"的变体。需要重申的一点是,我并不认为《斑竹姑娘》是《竹取物语》的直接底本,因此不做过多的推测和空想。但是,可以肯定的是《斑竹姑娘》和《竹取物语》的第一节求婚故事有密切联系。

四、五位贵公子的性格

以上分析了中日竹中诞生传说中的难题求婚故事,在故事结构、出场人物、难题宝物的性质和所在地、难题宝物的入手过程,甚至最后以失败告终的结局,中日都有很多相似之处。接下来需要关注的是《竹取物语》中的五位贵公子和《斑竹姑娘》中的五位年轻人在性格上也属于相同类型。土司是地方上的统治者,能够世袭。因此,《斑竹姑娘》中的五位年轻人从某种意义上说,就是当地统治者的儿子。这样的身份地位与日本的皇子相对应。关于石作皇子的性格,书中描述为"机敏,精于算计之人",与《斑竹姑娘》中对土司儿子的描述也非常相似。关于日语中的"支度"一词,目前有几种解释。

1. 拙劣之巧(田中大秀、岛津久基等)。

2. 准备，预备。

（1）重视某件事，万事都做准备（三谷荣一、市古贞次、武田祐吉等）。

（2）预先谋划将来，心中有打算（山田孝雄、阪仓笃义等）。

（3）爱盘算，会算计（山岸德平、田口庸一、三谷荣一等）。

从《竹取物语》中石作皇子的行为来看，可以说他是一个精于算计之人。土司儿子也和他一样，"做一点事情都……怎肯去做明知办不到的事呢？"土司儿子也是一个精打细算之人。

第二节的车持皇子和商人儿子也在性格上十分相似，二人都谎称要去寻找仙枝或玉树，暗地里却悄悄嘱托工匠，文中描写为"深谋远虑之人"，虽然在《斑竹姑娘》中缺少对这个人物的性格描写，但是通过对他行为的描写不难看出商人儿子的性格与车持皇子如出一辙。此外，从车持皇子名字中的"车持"（"车持"与"库持""仓持"相近，表示家里有车马、有仓库，家财万贯——作者注）二字可以看出这是个富家公子，和《斑竹姑娘》中的商人儿子相同。如果可以这么理解的话，那么，统治者的儿子和商人儿子，还有《竹取物语》第三节的官家（右大臣阿倍）与《斑竹姑娘》中的官家儿子一样，在人物身份设定上也极其相似。

但是，第四和第五节的人物设定和前三者相比略有差别。在《竹取物语》和《斑竹姑娘》中，虽然求婚者的出场顺序有变动，但是，我们依然能进行比较。日本的《竹取物语》中的大纳言和中纳言，在中国的《斑竹姑娘》中变成了胆小爱吹嘘的年轻人和高傲自大的年轻人，《斑竹姑娘》中并没有说明他们的身份和职业。虽然《竹取物语》和《斑竹姑娘》有着非常紧密的联系，但是看不出谁直接模仿了谁。虽说二者是同一系列的故事，但是，正因为二者之间存在此类小差别反而让人感到亲切自然。有人认为：为了增加趣味性，《竹取物语》加入了创作素材中原本没有的两位求婚者，使得《竹取物语》中的难题求婚内容变得滑稽可笑。在此，我们需要对此类研究成果进行仔细推敲。因为，如果添加的这两位求婚者属于日本的原创，那么为何辉夜姬向这两位求婚者命题的宝物和《斑竹姑娘》如此一致呢？如此看来，上述观点不足以说明问题。

五、"3+2"之谜

于是，我想到了关敬吾关于《竹取物语》难题求婚内容的三分法。关敬吾认为，石作皇子、车持皇子、右大臣阿倍这三节故事内容应当总结为第一段。五位贵公子的性格描写也与此三分法相对应，"石作皇子是机敏、精于算计之人"，"车持皇子是深谋远虑之人"，"右大臣阿倍是家大业大富有之人"，这三个人在出场时都被介绍了性格特征。然而，对于大伴大纳言和石上中纳言却没有这样的介绍，而是直接描写人物的动作行为，从这一点来看，作品对前三者和后两者的处理方式有所不同。这种"三、一、一"或者"三、二"的处理方式在《斑竹姑娘》中也能看到。换句话说，在《竹取物语》和《斑竹姑娘》的难题求婚描写中，二者的结构也能对应。如此说来，关敬吾认为《竹取物语》的难题求婚内容是由最初的三人求婚，后来再加上两人求婚故事所组成，我认为关敬吾的看法比三谷荣一的看法更为妥当。

关敬吾的看法也适用于对中国《斑竹姑娘》的分析。开始可能是三人求婚的三个难题故事，后来内容扩充，发展成为五个求婚者。《斑竹姑娘》中的求婚者有土司儿子、商人儿子、官家儿子，而对后面两人的描写只停留在性格描写上，没有涉及其身份地位。这种现象与《竹取物语》的五人求婚内容一致，并不是简单地从三个求婚者、三个难题扩展到五个求婚者、五个难题。对此，我们不得不从别的角度进行说明，可是这个别的角度究竟是什么，一时还难以定论，也许是这个故事本土化之后的一些问题。在四川的深山里，对于那些把故事口口相传下来的人而言，凭借权势欺行霸市的人恐怕要数土司（首领），其次是位于行政机构末端的官家，然后是有钱的富商，没有比这些身份、地位、职业更能拿出来举例的了。因此，《斑竹姑娘》的难题求婚描写的第四节和第五节，就只提到了求婚者的性格，一个是"胆小爱吹牛"，另一个是"傲慢自大"，并没有说明他们的身份、地位和职业。此外，我判断《斑竹姑娘》并不是深山老林里流传的故事，因为除了五位求婚者的人物设定，还可以从其他方面加以判断。例如，为了寻找龙珠驾船出海，船只漂流到南海或是漂流到无人岛的描写，就是一种判断依据。因为在金沙江上游的深山里，即便是编故事的人也很难编出海上航行的桥段。

说起海上航行，《竹取物语》也存在同样的问题。辉夜姬让车持皇子寻找的难题宝物在东海一座叫蓬莱的山上，这个难题怎么看都不像是日本人自己想出来的。这样的难题应该产生于中国大陆地区。此后关于车持皇子以东海为目的地，从难波港乘船出发的描写，怎么看都觉得很草率，不像是一位文学故事创作者应有的考量。

接下来看中国的《斑竹姑娘》，第三个难题是"在某地有烧不坏的火鼠裘"，在日本的《竹取物语》中则变成"大唐的火鼠裘"。由此可见《竹取物语》应该是改编的作品。中国自古以来，有传言说火鼠主要栖息在南方。东方朔的《神异经》中有"南方有火山……火中有鼠"的描写。如果把诸如"大唐的……"之类的描写，看成是《竹取物语》的作者因熟知中国文献而采取的写作手法，恐怕难以解释清楚。倒不如把被改编为《竹取物语》的原作中"烧不坏的火鼠裘"理解为火鼠裘产于原作所在国度的"某地"，进而将其延伸为"大唐的火鼠裘"，也许这才是比较恰当的看法。

第二节 中日民间传说的比较

一、《竹取物语》并不是原创作品

日本的《竹取物语》和中国的《斑竹姑娘》在结构上一致，尤其是两个故事中穿插的难题求婚情节中连细节都惊人地相似。《竹取物语》和《斑竹姑娘》虽然在传承时间和地点上有所不同，但是无论怎么看，这两个故事都不可能在两个不同的地方各自完成。即使是诟病传播主义的人，也不能对如此对应、一致的两个故事说纯属偶然。文化传播的相关学术原理也证明了这一点。接下来要讨论的是有时空差的这两个故事之间的关系。对此，要想得出确切的答案，还需要查阅大量资料进行研究，但是解答的方向已经基本确定。在此，我可以比较肯定地推断，目前《竹取物语》的研究者们明里暗里已经认可并且以此为前提展开论述。那就是辉夜姬交给五位贵公子的难题并不是某位具备中国古文献和佛教典籍素养的日本文人在书斋里创作出来的，这些难题并不属于日本某位文人空想出来的"自由领域"范畴，而是根据原型展开的创作，是一种巧妙的改编。这种改编并不是简单地将投射在《今昔竹取》中难题求婚桥段的三个人、三件宝物进行扩充，所以并非是在设定石作皇子、车持皇子等求婚者之后，再根据这些人物设定，设计石钵、仙枝等难题宝物。因此，也并不是按照天竺、蓬莱、唐朝、日本近海、皇宫这样的顺序有计划地描写宝物所在地。故事中的贵公子们从接到难题直到最后以失败告终，一般都经历三年时间。如果贵公子们真打算按照辉夜姬的吩咐去做的话，可以设想的是在当时的条件下，要找到这些难题宝物至少需要三年时间。巧的是《斑竹姑娘》中斑竹姑娘给五个求婚者命题时也分别给他们三年期限，因此，如果说《竹取物语》的作者设定寻找宝物需要三年时间属于日本原创的话，那么其不可能与《斑竹姑娘》的寻宝时间设定如此吻合。

在确认《竹取物语》和《斑竹姑娘》中难题求婚情节的高度吻合之后，再确认《竹取物语》的难题求婚情节应该存在原型，且《竹取物语》是在此原型基础上进行的改编，而改编的内容又穿插到后来成书的《今昔竹取》中。从现有的资料情况也许可以推测：在中国的故事中未见踪影的"天皇求婚"情节应该才是作者发挥想象的自由领域。《斑竹姑娘》中女主人公从竹中诞生的描写确实与《竹取物语》相通，但是辉夜姬告别众人返回天宫的名场面在《斑竹姑娘》中却未见踪影。因此可以说，日本的《竹取物语》以羽衣传说为素材，在此基础上融入了竹中诞生传说，而中国的《斑竹姑娘》也许从一开始就是竹中诞生传说的原型。

但是，从斑竹姑娘的生长情况来看，让人难以相信她是人间女子。因为她从竹中诞生的时候，只不过是不足两尺的小个子，她很快便长成朗巴一般高大，让朗巴母子大为惊讶。对此，人们"一点儿也不怀疑她是什么妖精，倒认为是天女下凡……"这与《今昔竹取》非常相似。《今昔竹取》中描写为"天皇问她：'你究竟是谁？是神还是鬼？'女子回答：'我既非鬼也非神，只是来自天上的使者会来接我回去'。"因此，上述描写显示斑竹姑娘应该也来自天界，该故事应该与仙女妻子型故事有一定关联。仙女妻子型故事一般有两种类型：一种是仙女降临凡间，帮助贫穷而正直的男子，与他结为夫妇，过上幸福的生活；另一种是仙女只能与男子短暂结合，然后披上羽衣返回天宫。这两种类型的仙女妻子型故事在中国和日本都存在。因此，《斑竹姑娘》绝不可能与羽衣传说完全无关。

中国的"开花爷"

在中国西南地区的偏远山村里，人们口口相传的一些故事与日本的物语之祖《竹取物语》非常相似。此外，在中国的广东等岭南地区以及四川、云南、贵州等西南地区，流传着许多与日本相似的民间故事或传说。例如"开花爷"，讲述的是一个善良的男子养了一条狗，这条狗给他带来财富，后来这条狗死去化为植物，显示出奇瑞之象。在中国，此类故事的名称叫"狗耕田"。故事中憨厚老实的男子获得财富，邪恶贪心的男子遭到惩罚。不同的是，在中国，这两个性格迥异的男子多为兄弟。此类劝善惩恶的故事在日本一般被设定为互为邻里的老爷爷，因此，此类故事又被称为"邻家爷爷"型。在此顺便强调一下，《竹取物语》的男主人公是一位老翁，这也是比较典型的日本式人物设定。因此，中国的《斑竹姑娘》中相当于伐竹翁这个角色的人物不是白发老翁也就不足为奇了。

在中国，开花爷型故事主要分布在以长江为分界线的南部。例如，广东的民间故事。

很久以前，有个地方住着徐大和徐二两兄弟。徐二夫妇都是狡猾贪婪之人，与此相反，徐大夫妇却憨厚老实。分家的时候，徐二夫妇分到了肥沃的土地和马，而徐大夫妇只分到了贫瘠的土地和一条名唤"老灰"的狗。有一天，老灰在家门口一边叫唤一边用爪子刨地面。于是，徐大用铁锹去挖，挖出一个装满了金银的罐子。徐二见状，忙把老灰借到自家门前，让它叫唤，然后把家门口都挖了个遍，只挖到了泥和水。徐二恼羞成怒，把狗打死然后扔进了刚挖的坑里埋了。

徐大等了很久，老灰到了深夜都没有回来。徐大很担心，就到徐二家去问，得到的却是老灰已经死了的答复。伤心的徐大扑到老灰的坟上，放声痛哭起来。接着，发生了不可思议的事情，坟上长出了一根竹子。这根竹子一转眼就长大了。徐大认为这根竹子就是老灰留给他的念想，于是把它拔下来拿回去做鸟笼和鱼篓。接下来又发生了神奇的事情，鸟笼里的鸟儿产下很多鸟蛋，鱼篓里也满是鱼儿，活蹦乱跳。因为老灰，徐大过上了富裕的生活。

徐二夫妇看到这些，早就按捺不住，去找徐大借鸟笼和鱼篓。可是，当他打开鸟笼时，里面全都是臭气熏天的鸟粪，当他揭开鱼篓时，看到让人毛骨悚然的毒蛇盘踞其中。惊魂未定的徐二夫妇非常生气，放一把火把鸟笼和鱼篓都烧了。徐大等了好久都没有看到徐二来还鸟笼和鱼笼，于是他又去找弟弟。

徐二说："我这里没有什么鸟笼和鱼笼，你想要的话，那儿倒是有一堆灰。"徐大只好无奈地把灰带回家，因为他认为这是老灰留给他的念想。不久，冬天来了，徐大想到死去的老灰一定会很寒冷，于是在老灰的坟上盖上了茅草，顺便把从徐二那里带回来的灰撒了上去。接下来，又发生了不可思议的事情。老灰坟边的一棵枯木突然开出了美丽的花朵。徐大惊讶不已，于是把灰也撒在了自家的院子里。结果，院子里的桃树、杏树、梨树等树木和花草一下子都绽放出鲜艳的花朵。这件事很快传遍了四邻八乡，每天都有很多人争相来观赏。一天，宰相的管家来到徐大家。对徐大说："我家大人特别喜爱的一株牡丹花枯萎了，我们四处寻求方法未果。我听说你能让枯木开花。请你到我家大人那里去看看吧！"于是，管家把徐大接到宰相府里，徐大又把用鸟笼和鱼篓烧成的灰撒在牡丹枯枝上。一转眼，牡丹枯枝上开出了成百上千朵硕大娇艳的牡丹花。宰相非常高兴，给了徐大一大堆赏赐。弟弟徐二听说了这件事以后，也去宰相家，强行推销自己能让枯木开花的秘诀。结果，徐二撒的灰不仅没能让枯木开花，反而吹到了宰相的眼睛里，徐二受到了重罚。

在拙著《日本民族和南方文化》中，我曾经深入探讨了"民间故事'开花爷'的原型及'狗和谷物'"[1]。因此，在此不对中日"开花爷"的故事作详细比较。但是，我可以肯定的是：日本的"开花爷"故事和在

---

[1] 伊藤清司：《日本民族と南方文化》，平凡社，1968，第647-668页。

中国广泛流传的"狗耕田"①故事在结构上一致，不可能偶然在中国和日本分别形成两个如此类似的故事，二者之间必然有密切联系。

三、"画中妻"和"浦岛"的原型

此类关系在"画中妻"故事中也有体现。日本的"画中妻"故事讲述的是：有一个贫穷的男子，突然有一天，一位美丽女子自己送上门要与他结为夫妇。男子沉迷于女子美色，终日缠绵，荒废了农活。女子无奈，只能让丈夫带着自己的画像去农田里干活。一天，放在农田旁边的画像突然被风刮到空中，飘到了城里。好色的城主看到了这幅画像，立刻命令手下去把画像上的美丽女子抢来做城主夫人。女子和丈夫诀别的时候，告诉他要打扮成货郎的样子到城边去卖东西。老实憨厚的丈夫按照妻子的吩咐，乔装成货郎到城边卖东西。此时，女子已经成了城主夫人，可是她从来不笑，这让城主觉得非常棘手。可是，从来不笑的城主夫人在听到货郎的叫卖声的时候，却会莞尔一笑。于是，愚昧的城主把货郎叫进城里，并和货郎互换了衣服。这时，城主夫人对换上了货郎衣服的城主说："你这个无理的货郎，快来人呀！把他抓到大牢里去。"城主被关入了大牢，女子和她原来的丈夫重归于好，并且还顺理成章地还当上了新城主夫人。关于这个故事，日本有些学者认为：这是日本江户封建社会的农民出于反抗精神而进行的创作。但是我认为这样的看法有两处不妥。首先，这是全世界都广泛分布的"不笑的女子"型故事。和上述日本"画中妻"故事相同内容的民间故事在中国大陆地区被称为

---

① 伊藤清司：《論集日本文化の起源 3 民族学 I》，平凡社，1971，第 378-396 页。

"百鸟衣"或"百鸟毛衣"故事。此类故事在广西壮族自治区的壮族，云南的藏族、白族、纳西族，贵州的苗族以及广东、安徽等地的汉族中间都广泛流传。①

此外，作为游历龙宫故事的代表作——浦岛传说被收录在《万叶集》《日本书纪》《丹后国风土记》《今昔物语集》等作品里。虽说这是家喻户晓的故事，但是有不少学者注意到与此类似的故事在大洋洲、东南亚沿海地带分布广泛。最近，还有学者指出亚洲内陆的斯基泰神话中也有类似的故事，由此可知浦岛传说之比较研究的难度之大。日本浦岛传说的基本要素如下：

渔夫帮助海龟，渔夫受到龙女邀请，海龟带渔夫去龙宫（到访仙宫）。

渔夫与龙女结婚，受到款待，二人度过一段时日（逗留仙境）。

渔夫想念家乡，与龙女约好再见面，拿着龙女赠与的玉匣返乡（回乡）。

故乡已经面目全非，渔夫意识到龙宫和地面存在时间上的差异（异乡与凡人世界的差异）。

渔夫忘记龙女嘱托的禁忌，打开玉匣，从中冒出一股轻烟，渔夫瞬间变老或死亡（禁忌和死亡）。

无独有偶，在中国长江以南流传着很多游历龙宫、与龙女成婚的故事或传说。最近（1973 年前后），君岛久子介绍了中国湖南省洞庭湖附近一个流传了很久的故事。

一个渔夫在洞庭湖救了一位少女。少女其实是龙女的化身，龙女为了感谢渔夫，送给他一颗海龙王头上的"分水

① 伊藤清司：《绘姿女房譚の系谱》，《史学》1945 年第 34 卷 3、4 号，第 277–303 页。

珠",并与渔夫约定：日后,渔夫拿着分水珠前往龙宫,与龙女成婚。说完,龙女化作金鱼消失得无影无踪。不久,渔夫按照约定前往龙宫,找到龙女,二人成婚。过了一些时日,渔夫因为想念母亲,决定返乡探望。临别之际,龙女交给他一个宝盒,并反复叮嘱渔夫要小心保管宝盒,想见龙女的时候便对着宝盒念龙女的名字即可,还提醒他千万不能打开宝盒盖子。

渔夫返回故乡,发现母亲早已死去,村庄也已面目全非,没有一个熟人故知,仿佛置身于异国他乡。渔夫意识到：龙宫和地面的时间迥异,海底的一天相当于人间的十年。

渔夫既惊讶又难过,想马上找龙女问问缘由,慌忙之间忘记了龙女的嘱托,打开了宝盒盖子。那一瞬间,从宝盒中冒出一股轻烟,原本年轻俊美的渔夫刹那间变成了白发老翁,不久便老死于海边。①

在目前（1973 年左右）搜集到的日本以外国家的相关比较资料中,这个"渔夫和仙鱼"的故事与日本的"浦岛"故事在内容上最为接近。而且,该"渔夫和仙鱼"的故事与日本文献中被公认为受中国影响最少的《万叶集》第七卷中的"水江岛子"故事在细节上也很相似。这一点颇为让人感到兴味盎然。此外,根据李岳南的报告可知,与上述洞庭湖附近流传的故事内容相同的故事在云南省也有流传。在云南有诸如洱

---

① 君岛久子：《洞庭湖の竜女説話——浦島説話に関する新資料》,中国大陸古文化研究会,1972,第 1-6 页。

海、滇池之类的大湖，相信在不久的将来也能搜集到大湖附近关于龙女的较为详尽的传说和故事。

四、"烧炭小五郎"的系谱

因为柳田国男的"烧炭小五郎故事"而广为人知的烧炭致富者故事与日本宇佐地区的八幡神信仰结合在一起，所以该故事被矿工们广泛传播。该故事分为初婚型和再婚型两种。初婚型内容如下：

> 一位出生高贵的女子自己送上门，她来到一个在山上烧炭的贫穷男子家里，嫁给男子为妻。因为家里缺衣少粮，妻子便拿了些小金币给丈夫去买米。丈夫拿着金币去买米的途中，看到路旁水池中的天鹅，就把这些小金币当作石头去打天鹅，结果空手而归。面对惊呆的妻子，丈夫说："那一点小金币如果是很贵重的东西的话，我烧炭的山里有很多，要是把它们都拿来扔的话，可能要费一番功夫呢！"妻子连忙拉着丈夫去烧炭的地方一看，果然黄金堆积如山。后来，二人成为日本最富有的夫妇。

在朝鲜半岛也流传此类故事。只不过，朝鲜半岛的此类故事男主人公是挖山芋的男子，娶了王女为妻，后来也获得很多黄金，一夜致富。因此朝鲜半岛的此类故事被称为"山芋致富故事"。而与日本的"烧炭小五郎"故事内容几乎相同，男主人公以烧炭为业的故事在中国也有流传。例如，云南大理白族的"辘角庄"故事便是其中的代表。

很久以前，白王最小的女儿，和父亲争论何谓福分，结果与父亲发生口角纷争，被逐出王城。白王小女儿骑着水牛漫无目的地在田野里游走的时候，不知不觉来到一户贫穷的烧炭人家，后与烧炭的男子结为夫妇。但是，这个家庭缺衣少食，白王小女儿只能拿出自己带来的三锭银子交给丈夫，让他去集市上买米。可是，丈夫在去买米的途中，看到一条大狗猛扑路边的乞丐，于是拿起手中的一锭银子砸向恶狗。后来，他又看到一只麻雀正在啄食稻田中即将成熟的稻穗，于是又拿一锭银子当作石头去打麻雀。再后来，他看到有一匹马在踩踏玉米地，于是又把最后的一锭银子用来赶走马。结果，丈夫什么都没有买到，只能空手而归。妻子气急败坏地告诉他被他扔掉的可是银子，丈夫不满地嘟囔着说："那有什么大不了的，我烧炭的山上，可有不少呢！"

白族的上述"烧炭致富故事"还有续篇，讲述致富之后的王女夫妇把白王接到家里，王女对白王说："我原来就给您说过，我生来有福。"白王也终于认识到自己的错误。故事旨在对人生的跌宕起伏、福禄运势进行说教。而"烧炭致富"的再婚型故事，便以此福禄运势为主题。一个女子因为花钱如流水而离婚，后来她迷路走到深山中，留宿在一户烧炭人家并与男子结婚。第二天早上，因为家中无米开锅，女子把钱交给丈夫去买米，后来的故事与初婚型故事相同。不久有个乞丐来到他们家，女子认出这是她的前夫。女子心生怜悯，悄悄把小金币放进饭团里，施舍给乞丐。前夫并不知情，把饭团扔给了狗。这个再婚型故事告诉人们，人如果没有福分，走到哪里都没有运气。凌纯生和芮逸夫在《湘西苗族调查报告》中记录的湖南省西部的苗族中所流传的再婚型故事很有名，以人的福分为主题的此类故事，在中国大陆地区多有流传。

五、"取瘤爷"和"放屁爷"

此外，"猿地藏"和"猎雁爷"之类的故事在中国大陆地区也有流传。与这些故事同一类型的邻家老爷爷的故事"取瘤爷"被收录在《宇治拾遗物语》第一卷，这是很早以前就在日本家喻户晓的故事。根据Aaren Thompson的报告，在遥远的欧洲、土耳其、伊朗、印度等地也广为流传。在流传《斑竹姑娘》故事的藏族中间，"取瘤爷"类型故事也广为人知。藏族的"取瘤男子"故事的梗概如下：

> 从前，山国有一名男子，头上长着一个大瘤子。男子养的牛逃跑了，他四处寻找牛的时候迷了路。夕阳西下，男子看到前方有大小两个洞，于是钻进了小洞度过了一夜。但是，那个洞是鬼住的地方，一个鬼怪跑出来，把男子追赶到大洞里，并向其他鬼报告了这件事情。于是，一群鬼怪抓住男子准备吃掉他。他们打算先把男子头上的大瘤子吃掉，于是把大瘤子揪了下来。轻而易举地拿掉了瘤子的男子第二天早上兴高采烈地下山去了。
>
> 得知此事的另一个头上长瘤子的男子也效仿该男子去放牛，在追赶牛的时候跑进了山洞。但是，这次鬼怪们并没有打算拿掉他头上的大瘤，而是把从先前的男子头上揪下来的瘤子

放在他脖子后面。所以，这个模仿前面男子的人最后身上长了两个瘤子。

这个故事里虽然没有鬼怪们跳舞，也没有男子们跳舞等要素。但是故事的结构和《宇治拾遗物语》一样。

和《竹取物语》中的情节一样，在山里劳作的樵夫因为一只小鸟而变成富翁的故事类型，在日本被称为"吞鸟爷"。与此相同原理的民间故事的另一类型是被称为"伐竹爷"或"放屁爷"的滑稽民间故事。因为这类故事与竹中诞生传说的产生有很大关联，所以柳田国男对此很重视。与此类"伐竹爷""放屁爷"相同类型的民间故事在中国江南、华南等地也能觅其踪影，在中国称其为"香屁与臭屁"或"卖香屁"。值得注意的是，这些故事往往与"开花爷"故事一样，都是邻家爷爷型故事。善良的弟弟能放出香屁，他以此兜售获得许多钱财，后来得到大人的奖赏。贪心的哥哥也想模仿弟弟卖香屁，他跑到大人面前去兜售，结果放出来的屁不仅臭气熏天，而且他还拉出一堆屎尿。不堪忍受的下人们，用木头塞进他的屁股里。哥哥血流满地，狼狈逃回家。这个故事也与日本非常相似。顺便说一下，在中国大陆地区，很少听说该系列民间故事与竹中诞生传说有直接关联。因此，从故事比较研究的立场上来说，柳田国男所探讨的竹中诞生传说素材论是否妥当，尚有必要进行进一步探讨。

六、关于龙宫的民间故事

中国华南和西南地区的许多民间故事与日本民间故事相同，《斑竹姑娘》和《竹取物语》的惊人相似就是有力证明。在此基础上，继续举例的话，虽然显得重复，但是为了说服对此持怀疑态度之人，我认为有必要再举例说明。那就是与《斑竹姑娘》一样，同样采集于四川西北部山区——阿坝藏族自治州的"救白蛇"故事。这个故事与日本的"龙宫妻子"故事在结构上完全相同，在开头部分采取了"龙宫童子"型叙事方式。在介绍"救白蛇"故事之前，先引用关敬吾整理的日本"龙宫童子"型故事和"龙宫妻子"型故事①。"龙宫童子"型故事叙事方式如下：

1.（1）一个男子往海里抛撒门松、鲜花、柴。

（2）救助鱼（龟、蛙、蛇）。

2. 被接去海底。

3. 龙宫公主（狗、猫或其他小动物）送给男子宝物带回家。

接下来，就是所谓的"邻家爷爷"型故事的展开。具体例子如前所述的"龙宫小狗"。

"龙宫妻子"型故事的叙事方式如下：

1. 一个男子往海里抛撒门松、鲜花、柴等。

2. 男子被接去龙宫。

3. 在龙宫获得公主和宝物后回家。

至此，"龙宫妻子"和"龙宫童子"可以说属于相同类型。男子回到人间后：

1. 当地的城主想迎娶公主，出了三个难题。

2. 公主解决难题。

3. 城主因为其中的一个难题被杀。

---

① 关敬吾：《日本昔話集成》，角川书店，1953 年，第 997–1008 页。

4. 男子和龙宫公主幸福地生活在一起。

以上内容是日本此类故事的大体框架。"救白蛇"的故事 ① 梗概如下：

> 贫困的年轻猎人，救助了一条被白鹭袭击的小白蛇，并把它放回水中。第二天早上，龙宫派人来接猎人。猎人谢绝了各种财宝，只把一只小猫和一根拨火棍带回家。后来，小猫变成美丽女子，和猎人结为夫妇，二人幸福地生活。

> 有一天，贪婪的城主想把猎人的妻子据为己有，于是给猎人出了三个难题。如果猎人不能解决这三个难题，城主就要抢夺其妻。难题是编织从山顶到山脚一般长的锦缎，还有从十袋沙子中把混在其中的芝麻挑选出来等。这些都是日本的难题故事中常见的难题，均被聪明的妻子一一破解。最后，猎人挥动拨火棍烧死贪婪的城主，夫妻二人幸福地生活在一起。

这个"救白蛇"故事中出现的一些专有名词如果换成日语，就像是日本某地流传的故事。由此可见，日本的"龙宫妻子"故事和四川的"救白蛇"故事属于同类。

---

① 関敬吾：《日本昔話集成》，角川書店，1953，第137—145页。

第三节 "辉夜姬"诞生于中国

一、共通祖型的存在

与日本的竹中诞生传说相同的内容——即由竹中诞生传说和难题求婚故事以及仙女妻子故事的复合所形成的综合性故事，有极大的可能性源于中国。但是，不能说在日本就完全没有这样的可能性。正因为如此，现有的《竹取物语》应该是汲取了当时在日本流传故事的营养，由某一位文采飞扬的作者基于他深厚的海外文学素养，创作出来的新故事。这样的看法已经形成定论。但是目前的故事研究方法存在一些大问题。例如，仅仅因为在狭小的日本国内收集了几个相似故事，就以此判定《竹取物语》完全产生于日本的看法似乎不妥。因为，在中国大陆地区流传的竹中诞生传说，如果只是故事的大体结构与日本的《竹取物语》相似的话，也许我们不能对《竹取物语》完全产生于日本的看法提出异议。但是，正如在《竹取物语》和《斑竹姑娘》的难题求婚描写中所看到的那样，两个故事在细节描写上都一致，即使可能会出现偶然一致的文化现象（"可能性限制原理"），但是面对《竹取物语》和《斑竹姑娘》在难题求婚描写细节上的一一对应，我们不能说这种现象纯属偶然。这种偶然性的概率之低，自不待言。此外，关于《竹取物语》和《斑竹姑娘》的关系，早就有学者认为《竹取物语》的故事传到中国大陆地区后在四川山区传承下来，我认为这样的看法同样有待商榷。因为，如果用此等顽固的国粹主义来思考问题的话，那么我们就会得到

以下结论。即"开花爷""画中妻""烧炭致富"故事，甚至粗俗不堪的
"放屁爷"故事，以及"龙宫妻子"等前文所举例的很多故事和传说，
全部都是日本国产，而中国华南和西南等地的类似故事，都是从日本传
来的。在此，我想向那些日本的国粹主义者表明的是：我并不认为日本
的物语文学之祖《竹取物语》是以中国腹地的《斑竹姑娘》为直接蓝本
进行的改编。我猜想：《竹取物语》和《斑竹姑娘》二者之间应该有一
个共通的故事原型。这个故事原型包含了仙枝、火鼠裘、龙首珠等难题
求婚情节。这个故事原型应该有其变体。其中一个变体故事没有女主人
公升天返回天宫的描写，或者是原本有女主人公升天返回天宫的描写，
但是后来被遗漏。没有女主人公升天情节的变体故事逐渐在中国四川的
山村里传承下来；而另一个变体——有女主人公升天情节的变体也许早
就在日本某位才华横溢的文人手下改编而成。

关于该共通的故事原型的形成过程，我计划在今后的课题中进行探讨。
但是如若要讨论该共通故事原型的最成熟版本形成于何处的话，要考虑
两点：一是《竹取物语》和《斑竹姑娘》故事结构的共通要素；二是将
这两个故事与其他相似故事进行比较。从这两点来看，该共通故事原型
的最成熟版本应该在中国大陆地区的某处。姑且不论在该共通故事原型
中女主人公姓甚名谁，但可以肯定的是孕育女主人公的那片土地在中国
大陆地区的某个地方。

二、民俗学研究方法的不足

我认为《竹取物语》改编于某种故事原型，为了避免与不同看法的
人发生无休止的争论，也许不断搜集同类型资料，等待时间来证明才是

明智之举，或许这一天就在不久的将来。虽然目前中国方面的资料数量有限，但是我希望认真审读这些资料的读者对于《竹取物语》的形成问题能支持我的上述观点。将来如果能搜集到更多资料，进行补充说明，也许能印证我的观点。

关于《竹取物语》的改编，我在后文还将进一步补充说明。在此，我想讨论关于《竹取物语》的形成问题，在日本开展的一大研究领域——民俗学研究。假设《竹取物语》改编自某种故事原型的看法成立，那么迄今为止的民俗学研究方法的有效性则会大打折扣。当然，我们不能无视的一点是：在创作《竹取物语》的古代日本，如果不存在同类型故事及一定的社会环境，改编也就不可能发生而且也没有历史意义。而且，我认为：民俗学研究方法在考察《竹取物语》的故事原型方面卓有成效，因此，我丝毫不否认从民俗学角度研究《竹取物语》的意义所在，但是目前关于《竹取物语》的形成所展开的诸多国内起源说肯定不能成立，尤其是在柳田国男之后形成共识的"《竹取物语》是以日本国内传承的羽衣传说为素材的日本原创故事"这一结论。如果斟酌以下三谷荣一的论述，也许我们有必要重新审视《竹取物语》国内起源说的研究成果。"原来'竹取'（伐竹）这个职业和铁匠、木偶艺人一样，是走村串寨的职业集团……。他们伐竹编簸箕、簸箩、笊篱及织布用的杼、筘等，正如《竹取物语》中描写伐竹翁'伐竹做成各种器具'，在当时的日本农村，大部分家庭不能用竹编生活和生产器具。……尤其在秋收季节，这些竹编手艺人会接下大量活计。由于普通村民没有竹编手艺，所以竹编手艺人在当时是不可或缺的特殊手艺人。因此，伐竹翁的主要生计应该是编簸箕以售卖。《词林采叶抄》的竹中诞生传说中的老翁就是'编簸箕为业'。而且簸箕还常用于信仰和巫术"①，如此这般，三谷举出两三个使用簸箕的巫术，说明人们对于簸箕有一种特殊信仰，即是簸箕是谷物神栖居的场所，而其他普通农具则没有此类信仰。"因此，编簸箕的伐竹翁也许原来就是从事祭祀谷物神、祈祷农业丰收的神职人员，在村寨中成为村民敬畏的对象。因为他们具有普通村民所不具备的特殊手艺，所以他们是代代相传的特殊手艺人。由于他们经常往返于日本很多地区，因此他们有可能将羽衣传说不断传播而且在传播过程中会对其进行改编。"②

从以上论述不难看出三谷荣一的观点是：竹编手艺人在日本各地编竹器售卖的过程中将羽衣传说改编为竹中诞生传说。也有学者断定《竹取物语》的原型伐竹翁故事"是由以竹编为业的村民创作出来的故事"③。

部分学者支持高崎正秀的上述论断，认为伐竹翁故事是竹编手艺人的原创，这些学者进而展开漫无边际的想象，认为诸如砍柴爷或伐竹爷之类的故事（老翁到山里干活的时候莫名其妙地捡到小孩，后来因为这个小孩致富的故事）的形成过程是"竹编手艺人以竹为生，所以他们以歌颂竹为出发点，展开丰富的想象，将竹的故事与仙女故事相结合，然后又加入放屁爷之类的滑稽因素。竹编手艺人往来于日本各地的时候一边售卖竹器，一边传播他们逐渐成形的伐竹翁故事。……因此，《竹取物语》的素材应该就是此类伐竹翁故事……"④

其实，正如关敬吾指出的那样，在日本民间传承的竹中诞生传说非

① 三谷栄一：《竹取物語の素材と構成》，《国文学解釈と鑑賞》1958 年 2 月号，第 7 页。
② 同上。
③ 高崎正秀：《竹取物語の研究》，青磁社，1942。
④ 土橋寛：《古代歌謡と儀礼の研究》，岩波書店，1965，第 80 页。

常少。竹中诞生童女的所谓竹姬故事，只在鹿儿岛县的下甑岛和福井县以及埼玉县有所发现。其中，福井县的故事中童女不是从竹中诞生而是生于树中，属于"瓜子织姬"类型，而埼玉县的故事梗概是：

> 没有子嗣的老翁去伐竹，从竹子根部出现一个小女孩。长大后，天皇要娶女孩为妻，伐竹老翁和女孩都不愿意。十五月圆之夜，女孩独自哭泣。后来天皇得知此事，便派兵前去守护女孩，但是女孩依然升天返回月宫。（埼玉县入间郡南畑村）

正如关敬吾所言，上述故事内容接近于文献记载[①]，毋宁说上述故事内容受到了文献的影响，属于文献资料沉降的产物。我认为：如果今天没有较为完整的竹中诞生传说流传下来的话，在创作《竹取物语》的平安时代存在较为完整的竹中诞生传说的可能性也不大。如果我们把今天（1973年前后）仅在日本两三个地方采集到的竹中诞生传说，作为古代竹编手艺人走村串寨传播竹中诞生传说的证据的话，显然这些为数不多的证据显得苍白无力。

三、隐隐约约的故事原型

时至今日（1973年前后），我们依然不能明确《竹取物语》的作者在进行改编的时候所依据的故事原型。但是，如果允许我在此进行推

---

① 関敬吾：《日本昔話集成》，角川書店，1953，，第366页。

测的话，我想作者依据的故事原型应该是汉语文献资料。这与"汉文
竹取"先行说不谋而合，该学说是加纳诸平等学者对《竹取物语》进行
详细研究之后得出的结论。其实，部分学者在主张《竹取物语》日本国
内起源说的同时，也已经考虑到汉文版本或变体汉文版本早于《竹取物
语》而存在的情况。其背后隐含了《竹取物语》改编自某种故事原型的
必然性。然而，学界之所以没有明确提出该主张，主要是因为在日本具
有举足轻重地位的民俗学，其研究方法认定《竹取物语》的素材来自日
本国内的资料。

　　《竹取物语》的汉文版本先行说并没有被完全认可，不仅如此，还
有不少批判的声音。因为收录在《群书类从》中的"浦岛子传""续浦岛
子传"及《丹后国风土记》中所见的"奈具神社""浦岛子"和《近江国
风土记》中的"伊香的小江"等故事都有汉文记录，以此类推，几乎成
立于同一时代的《竹取物语》故事原型，其汉文记录至少应该有断简残
篇留存于世。然而，事实是没有留存只言片语。这是《竹取物语》汉文
版本先行说的问题所在。我猜测，《竹取物语》的汉文体原作应该在中
国大陆地区，如果事实正如我所猜测，那么上述问题点则迎刃而解。但
是，接下来的问题是在中国大陆地区不仅没有文献资料，甚至也没有相
关只言片语的记录。如何全面解答这个新问题，我想即使放到将来也难
以回答。也许现在能做的是基于现有的《斑竹姑娘》之类的民间故事，
对于上述问题进行较为消极地解答。现在没有的东西，不等于过去也没
有。从奈良时代到平安时代，日本从中国大陆地区车载船运了很多杂书
和小说，这些书籍很多已经遗失。《日本国见在书目》的现存版本虽然
只是摘录版，但是其中记录了不少在今天（1973 年前后）的日本无法
看到的书目。另一方面，也有一些书，例如《游仙窟》流传到日本之后

留存下来，而在其原产地中国却销声匿迹。也许我们耗尽毕生精力也无法从中日现存的书目中找到《竹取物语》的故事原型。还有一种可能性是奈良时代到平安时代，来自中国大陆地区的移民将自己故乡原有的故事付诸笔端，或者将自己故乡口口相传的故事记录下来，形成"汉文竹取"，即是《竹取物语》的故事原型。不过要想从浩如烟海的书籍中寻找这个"汉文竹取"的蛛丝马迹，似乎只有期待奇迹发生。

四、从文体、语法方面展开的推测

上述推测终究显得薄弱而且会引起无休止的争论。因此，需要直接立足于《竹取物语》故事内容的讨论，以此补充汉文原作先行说的不足。三谷荣一考察了《竹取物语》中敬语的使用情况，指出作品的前半部分和后半部分存在差异，越到故事的后半部分越发现有后人润色的痕迹。三谷荣一还进一步指出：《竹取物语》在文体上，前半部分朴素，段落短小，属于男子惯用的简洁文体。与此相对，后半部分，段落冗长，使用接续助词连接句子，形成有序而流畅的文体[①]。此外，阪仓笃义从语法角度分析《竹取物语》的构造，他把以下两点作为研究文章构造的线索：一是找出汉文训读方式、汉文训读词语，分析其出现的频度；二是归纳汉文训读中完全不用的表达方式。通过这两条线索，阪仓笃义将《竹取物语》的构造进行如下归类：

（一）女孩诞生

（二）石作皇子

---

① 三谷荣一：《竹取物語の原型》，《国文学解釈と鑑賞》1956年2月号，第54—56页。

（三）车持皇子

（四）右大臣阿倍

（五）大伴大纳言

（六）石上中纳言

（七）天皇求婚

（八）辉夜姬升天

（九）不死之山

"（一）"至"（六）"基本上在每章的开头和结尾部分都能看到以"けり"结尾的句子，从整体来看，属于非训读性质的句子中包含了训读性质的句子的情况。与此相反，"（七）"至"（九）"在文章构成上的制约较少，叙述的语气轻松愉快，故事情节的展开如小说般引人入胜①。

假设《竹取物语》是《斑竹姑娘》故事原型的改编，那么就像三谷荣一和阪仓笃义二人指出的一样：（七）以下的天皇求婚至富士山地名起源的整个后半部分体现了《竹取物语》作者的独创性。从后半部分的故事内容我们可以想象，改编者跳出了"汉文原作"训读的桎梏，自由发挥其文才，开始了真正的创作。如此一来，日本《竹取物语》与《斑竹姑娘》在结构上更加相似，《斑竹姑娘》和《竹取物语》的共通故事原型的轮廓也就逐渐浮出水面。

以公认保留了较古老形态的《今昔竹取》为基础去讨论《竹取物语》的形成，这样的做法是否妥当，我认为有必要再斟酌一番。正如前文用中国的"无某无猴"型民间故事展开过讨论一样，也许我们能在中

---

① 阪倉篤義：《校註竹取物語》，岩波書店，1970，第 12-22 页。

国大陆地区找到《今昔竹取》之类的故事。例如南波浩利用图示进行推测的那样，假设《今昔竹取》和《竹取物语》之间共通的故事原型在日本，那么会让人怀疑如何分别将它们文字化。我认为很早以前在中国大陆地区就存在几个类型的竹中诞生传说，这几个类型的竹中诞生传说分别被传到日本列岛，其中一个被改编为《竹取物语》，另一个形成了《今昔竹取》。若非如此，则我们不能解释四川腹地的《斑竹姑娘》故事和《竹取物语》之间如此相似的关系。在此，我想重复强调的是，我们需要再次讨论目前（1973 年前后）日本国内关于物语文学的研究态度是否合适，目前的研究态度是从狭小的日本国内搜集几个相关故事，然后就跳跃式地把它们与《竹取物语》联系起来，认为只要道理上说得通，就可以认为《竹取物语》起源于日本国内并形成定论。日本国土并不是孤岛。现在（1973 年前后）日本的神话研究领域已经深深体会到将日本神话与外域神话进行比较的必要性，而且将日本与中国大陆各地及诸多民族神话故事进行的比较研究也已经开展了较长时间，并且取得了丰硕成果。

结　语

一、清少纳言为何无视《竹取物语》

关于《竹取物语》改编说，有一件事让我不得其解。那就是，紫式部在《源氏物语》中高度赞赏《竹取物语》。然而，与紫式部齐名的平安时代女流作家清少纳言在其随笔作品《枕草子》中却只字未提《竹取物语》。众所周知，《枕草子》中通过"类聚章段"［围绕某一主题，作者列举出感受到的相关事物，有时会加入主观解说——译者注］列举"春……""树木之花……"等，但是在提及"物语……"时，列举了当时的著名物语文学作品——《住吉物语》《宇津保物语》《梅壶大将》等，却完全无视有物语文学之祖之称的《竹取物语》。有人推测，也许是因为《竹取物语》太过于家喻户晓，所以被清少纳言排除在外。但是这样的推测难以让人苟同。如果没有必要专门讨论此事，那么我就此打住。但是，假设这是清少纳言有意而为之，那么这背后就大有文章可做。当然，我并不认为清少纳言就是将竹中诞生传说原作改编为现行《竹取物语》的作者，但是，我怀疑清少纳言对于《竹取物语》的原作应该抱有某种看法。如此说来，让人觉得像是推理小说，但是时至今日（1973 年前后），《枕草子》的"类聚章段"和中国古籍有关的判定已经是不争的事实。对此，我将在今后继续讨论。

　　在此，我想说《枕草子》的题材和唐代诗人李商隐的《义山杂纂》的文章形式相似，因此，"春……"的"类聚章段"并不是清少纳言的独创。我猜想清少纳言判断《竹取物语》并不是真正的日本物语之祖，因此在《枕草子》中列举物语时故意遗漏《竹取物语》。而且，这样的故意遗漏实际上与她在《枕草子》中的"类聚章段"这种文章表现形式直接相关，因为这种文章表现形式并非清少纳言独创［清少纳言判断《竹取物语》非真正的日本物语文学之祖，非日本原创，而其《枕草子》"类聚章段"的写法也非她本人原创，因此如果在《枕草子》中提及《竹取物语》，也会暗示其"类聚章段"的写法非原创，所以清少纳言在列举物语时故意遗漏《竹取物语》——译者注］。以上看法纯属我个人猜测，有待读者自行判断。接下来要讨论的是《枕草子》和《竹取物语》在模仿上的价值所在。

二、有价值的模仿

　　即使《枕草子》是《义山杂纂》的模仿，也丝毫不能否认其文学价值。《竹取物语》也是同样道理。即使它是改编，其在日本文学史上的地位也丝毫不能撼动。模仿是有价值的知性活动，尤其是在尚未开化的古代社会，"对于古代文人和读者而言，如果有人能将口口相传的传说故事付诸笔端记录下来，这样的记录本身就实属难能可贵。这与现在小说作者的剽窃不可同日而语。因为在古代，人们并不以此为耻。"①

---

① 柳田国男：《竹取翁》，载《定本柳田国男集》第 6 卷，筑摩書房，1963，第 168-169 页。

虽然我并不认同柳田国男关于《竹取物语》素材的看法，但是我认为他的上述观点值得关注。在《竹取物语》形成的前后时期，日本有大量使用中国大陆文献或来自中国的传说故事的历史。当时人们的使用方法无论是改编或是模仿都较为普遍和常见，而不像今天会遭到指责。在当时，以何种程度的"剽窃"为耻，没有标准。毋宁说，在当时甚至不存在剽窃、改编的观念和意识。这一点通过观看日本奈良的高松塚古坟壁画便可窥见一斑。这些壁画几乎没有国境意识和民族主义思想。我们可以设想当时的文化摄取几乎没有国境意识和民族差别意识，当时日本的律令制度、都城设置、衣冠束带以及生活中的万般事物大多是对中国文化的模仿或改编。因此，单独指出《竹取物语》是改编应该不合适。

当时的文化交流不仅是以遣隋使、遣唐使之类的政府使节、留学生、留学僧为媒介的政府行为，还是不留姓名的民间人士的文化接受，抑或是没有记录的物品或文化的传播。实际上没有记录的文化接受和传播在数量上远远超过记录在册的。当时的文化接受和传播极其自然顺畅，完全不同于日本锁国时期，美国黑船叩开日本大门时候的朝野哗然。也许对于当时居住在奈良、京都、大阪的人们来说，相较于熊袭［古代日本九州岛西南部原住民的一支——译者注］、虾夷［北海道的古称——译者注］，来自高句丽、百济、唐朝的文化更让他们感到亲切。因此，我们需要在这样的文化背景下审视《竹取物语》的形成。即使《竹取物语》是改编，在当时的状况下也是情有可原的，其价值依然巨大。而且，流传于东亚的这个饶有趣味的故事，被日本改编为优秀的文学作品《竹取物语》，从而得以从古至今保留下来，实属幸事。可以说这不仅在日本，甚至在东亚古代文学史上都堪称重要文学遗产。

日本的古代文学，尤其是传说、故事类研究领域已经发展至一个阶段，即是迫切需要与以中国为首的东亚各国、各民族开展学术交流、共同研究的阶段。这也是《竹取物语》给今天（1973 年前后）的日本学者带来的重要启示。

后　记

　　本书是在相对较短的时间内完成的。因此，我深刻反省自己的撰写过程略显仓促。但是仔细想来，仓促成书却也情有可原。因为《竹取物语》相关研究多达数百篇，在执笔之初，虽然觉得应该逐一浏览这些研究，但在我的内心深处，却始终有一种极力避免陷入我不擅长的日本古代文学领域的意识。结果，我从众多研究中挑选了吸引我注意的论著，努力做到不脱离中日传说比较研究的范式。因此，从事日本国文学、日本古代文学研究的专家，可能会对本书前半部分探讨的《竹取物语》的研究史、学说史有诸多不满和批判。

　　本书之所以问世，是缘于讲谈社现代新书的负责人田代忠之先生的推荐。他询问过我是否有意写日本神话之比较研究的书籍。对此，我虽然没有立即动手的打算，但是因为难得田代忠之先生的推荐，所以我答复他：如果通过《竹取物语》的素材论来写中日传说比较的话，我可以试试。

　　实际上在此之前，我指导了百田弥荣子的大学毕业论文——《关于〈竹取物语〉成立之考察》，她的论文以《斑竹姑娘》和《竹取物语》的比较研究为主线。其后，我和百田弥荣子深入研究并力推"《竹取物语》改编说"，写成《竹取物语源流考》一文，在《中国大陆古文化研究》第 5 集（1971 年 5 月）和第 6 集（1972 年 5 月）上联名发表。在此期间，君岛久子在《说话文学研究》（1972 年 2 月）等刊物上介绍了斑竹姑娘传说，百田弥荣子也修改了上述毕业论文，并在《亚非语言学院纪要》3 号（1972 年 3 月）上发表。我自己也获得了新的《今昔竹取》的比较资料，因此我想更进一步挖掘下去，通过竹取素材论，探讨民俗学研究的界限问题。

　　我一直认为日本的传说故事大多源自中国大陆地区。我之所以对此产生浓厚兴趣与松本信广先生的讲座密不可分。而我首次发表相关论文也是因为有缘见到晚年的柳田国男先生。我记得当时与柳田先生聊到《定本柳田国男集》第 8 卷收录的"画中妻"时，我告诉他同样类型的传说在中国大陆地区也有传承，于是柳田先生希望我把它写下来。随后，我写了《画中妻传说之系谱》一文，本书引用了其中部分内容。然而令人遗憾的是，《画中妻传说之系谱》发表之时，柳田先生已经溘然长逝，没能得到先生的指导。如今，回顾这些过往，当我想到本书终究是以批判的形式展开的论述，内心就久久不能平静。因为本书批判了很多关于日本古代说话文学的先行研究，其中包括对柳田先生的《竹取翁》《伐竹爷人》的批判。不过，就像幕下、三段目之类级别的力士挑战横纲级力士一样，这样的挑战对横纲来说也许根本不值一提。但是，如果本书包含了一个做学问的方向或可能性的话，则另当别论。我暗自希望能以本书向柳田先生"报恩"。

　　总之，本书草草完成、无比拙劣，但我深切感受到，没有松本信广、柳田国男两位老师以及其他众多人士的帮助我根本无法完成这本书的创作。尤其是从中国台湾的刘枝万先生那里获得了直接相关的贵重资料，对此我感激不尽。还要感谢欣然应允我阅览资料的池田敏雄先生。最后，本书中省略了一些敬称，对此我谨致歉意。

伊藤清司

1973 年 1 月